led

a'r Gytraith
Health & Social Care
and the Law

Canllaw i ddeddfwriaeth
ar gyfer myfyrwyr

A guide to legislation
for students

Elen Evans
Diweddarwyd 2013
Revised 2013

Iechyd a Gofal Cymdeithasol a'r Gyfraith
Canllaw i ddeddfwriaeth ar gyfer myfyrwyr

Y fersiwn gwreiddiol:
Ysgrifennwyd gan Elen Evans
Cyfieithwyd gan Carys Stallard
Dyluniwyd gan Andy Dark
Darluniwyd gan Jon Phillips
Cyhoeddwyd gan Wasg APCC, Caerdydd

Y fersiwn hwn:
© Prifysgol Aberystwyth, 2013

Cyhoeddwyd gan CAA, Prifysgol
Aberystwyth, Plas Gogerddan, Aberystwyth,
Ceredigion SY23 3EB
(www.aber.ac.uk/caa)

Noddwyd gan Lywodraeth Cymru

Diweddarwyd gan Elen Evans
Golygwyd gan Lynwen Rees Jones
Dyluniwyd gan Andrew Gaunt
Argraffwyd gan Y Lolfa

ISBN 978-1-84521-539-2

Health and Social Care and the Law
A guide to legislation for students

Original version:
Written by Elen Evans
Translated by Carys Stallard
Designed by Andy Dark
Illustrated by Jon Phillips
Published by UWIC Press, Cardiff

Revised version:
© Aberystwyth University, 2013

Published by CAA, Aberystwyth University,
Plas Gogerddan, Aberystwyth, Ceredigion
SY23 3EB
(www.aber.ac.uk/caa)

Sponsored by the Welsh Government

Revised by Elen Evans
Edited by Lynwen Rees Jones
Designed by Andrew Gaunt
Printed by Y Lolfa

ISBN 978-1-84521-539-2

cynnwys / contents

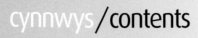

cynnwys / contents

cynnwys / contents

Cyflwyniad

Mae rôl deddfwriaeth o fewn y sector iechyd a gofal cymdeithasol o'r pwys mwyaf, a chynlluniwyd y canllaw hwn fel bod gennych y wybodaeth a'r ddealltwriaeth angenrheidiol ynglŷn â'r ddeddfwriaeth gyfnewidiol sy'n effeithio'r gwasanaethau a'r lleoliadau hyn.

Mae pob person proffesiynol yn y maes iechyd a gofal cymdeithasol a'r holl ddefnyddwyr yn cydnabod gwerth y ddeddfwriaeth, y rheolau a'r arweiniad cenedlaethol; sylweddolant fod y gyfraith yn darparu fframwaith sy'n eu galluogi, er enghraifft, i:

* hybu arferion teg nad ydynt yn anffafrio neb nac yn rhagfarnllyd;
* hybu cyfleoedd cyfartal ac amrywioldeb;
* rhoi awdurdod a hawliau i unigolion sy'n defnyddio'r gwasanaethau;
* hybu arferion da yn yr holl leoliadau iechyd a gofal cymdeithasol.

Mae'r canllaw hwn yn cynnwys y ddeddfwriaeth fwyaf perthnasol yn gysylltiedig â'r sectorau iechyd a gofal cymdeithasol – dyma un o ofynion dysgu nifer o gyrsiau iechyd, gofal cymdeithasol a blynyddoedd cynnar/gofal plant. Nod y canllaw yw helpu'r myfyrwyr sydd yn astudio ar y cyrsiau hyn a gellir hefyd ei ddefnyddio wrth hyfforddi ar lefelau gwahanol.

Mae'r cyfreithiau wedi'u trefnu dan saith o benawdau gwahanol, e.e. Plant, Addysg, Iechyd ayyb. Ar ddechrau pob pennod ceir cyflwyniad i'r ddeddfwriaeth, gan amlinellu ei amcanion, ei ddyddiadau, ei gynnwys ac ati. Ceir crynodeb o'r wybodaeth sylfaenol dan y pennawd Ffeithiau Allweddol. Ceir adran hefyd dan y pennawd Gweithgareddau sy'n rhoi cyfle i chi adolygu ac ymestyn eich gwybodaeth a'ch dealltwriaeth o bob darn o ddeddfwriaeth. Fe'ch anogir i wneud cynifer o'r gweithgareddau hyn ag sy'n bosib, gan eu bod wedi'u cynnwys yn y canllaw fel rhan annatod o'r broses o ddysgu. Mae rhai o'r gweithgareddau wedi'u seilio ar astudiaethau achos, sy'n rhoi cnawd ar esgyrn y cysyniadau a'r syniadau sydd wedi'u cyflwyno ym mhob pennod.

Yn nghefn y canllaw ceir Rhestr Termau gynhwysfawr; rhestr o lyfrau a chyfeiriadau at ddarlleniadau ac ymchwil pellach; a rhestr o wefannau dwyieithog sy'n darparu rhagor o wybodaeth am y ddeddfwriaeth.

Gobeithiaf y bydd y canllaw hwn nid yn unig yn ychwanegu at eich dealltwriaeth o ddeddfwriaeth yn y maes iechyd a gofal cymdeithasol, ond hefyd yn eich galluogi i weld sut mae cyfreithiau'n gallu newid bywydau pobl, drwy roi awdurdod i unigolion a rhoi'r hawl iddynt gael gwasanaeth teg sy'n ateb eu hanghenion yn y sector iechyd a gofal cymdeithasol.

Elen Evans

Introduction

The role of legislation within the health and social care sector is of paramount importance, and this booklet aims to provide you with the knowledge and understanding that you need in relation to the ever changing legislation that affects these services and settings.

All health and social care professionals and service users recognise the value of legislation, regulations and national initiatives; they realise that the law provides a framework that enables them to, for example,

• promote anti-discriminatory and anti-bias practice;
• promote equal opportunities and diversity;
• give individual service users empowerment and rights;
• promote good practice throughout all health and social care settings.

This booklet covers the most relevant legislation linked to the health and social care service and sector – which is a learning requirement for many health and social care and early years/childcare courses. The booklet aims to support students undertaking these courses and can be used for different levels of training.

The laws are grouped under seven headings, e.g. Children, Education, Health etc. Each chapter begins with an introduction to the piece of legislation, outlining its aims, dates, content etc. Essential information is summed up in Key Facts. There is also a Take Action section that provides opportunities for you to review and extend your knowledge and understanding of each piece of legislation. You are encouraged to attempt as many as possible of these activities, as they are built into the booklet as an essential part of the learning process. Some of the activities are based on case studies, which bring to life the concepts and ideas presented in each chapter.

At the back of the booklet is a comprehensive glossary of terms; a list of books and references for further reading and research; and a list of bi-lingual websites that provide more information on the legislation.

I hope that this booklet will not only enhance your understanding of legislation in the field of health and social care, but will also enable you to see how laws can change people's lives, by empowering individuals and giving them the right to have their needs catered for equally within the health and social care sector.

Elen Evans

Confensiwn yr UN ar Hawliau Plant 1989

Cyflwyniad

Mae Confensiwn yr UN ar Hawliau Plant yn gytundeb am hawliau dynol sy'n datgan yn glir bod gan blant hawliau penodol a bod yn rhaid i lywodraethau wireddu'r hawliau hynny.

Yn 1923, datblygodd Eglantyne Jebb, sylfaenydd 'Save the Children', gyfres o hawliau i blant, ar wahân i hawliau cydnabyddedig oedolion. Yna, yn 1924, mabwysiadodd Cynghrair y Cenhedloedd y Datganiad hwn am Hawliau Plant.

Yn 1948, ymgorfforwyd hawliau plant yn Natganiad Cyffredinol Hawliau Dynol y Cenhedloedd Unedig, ond teimlai rhai pobl nad oedd hyn yn ddigon, felly ym mis Tachwedd 1959, mabwysiadodd Cynulliad Cyffredinol yr UN yr ail Ddatganiad ar Hawliau Plant. Roedd hwn yn canolbwyntio ar ddeg prif egwyddor ac yn ystyried buddiannau'r plentyn.

Wedyn ym mis Tachwedd 1989, union ddeng mlynedd ar hugain yn ddiweddarach, mabwysiadodd Cynulliad Cyffredinol yr UN Gonfensiwn yr UN ar Hawliau Plant. Ar 2 Medi 1990 daeth y cytundeb i rym fel cyfraith ryngwladol, a chytunodd Llywodraeth y DU i fod yn rhwymedig iddo yn 1991. Bellach mae Confensiwn yr UN ar Hawliau Plant wedi'i gadarnhau gan 193 gwlad wahanol.

Mae Confensiwn yr UN ar Hawliau Plant yn cynnwys 54 erthygl (datganiad) wahanol sy'n rhoi manylion ynglŷn â thrin plant dan 18 oed yn gyfartal o fewn cymdeithas, heb ystyried eu hil, lliw, iaith, rhyw, crefydd, anabledd, gwreiddiau, barn wleidyddol neu arall, eiddo, genedigaeth neu unrhyw statws arall.

Mae Confensiwn yr UN ar Hawliau Plant yn cynnwys yr erthyglau canlynol:

- Erthygl 1 – Diffinio plentyn
- Erthygl 2 – Peidio â gwahaniaethu
- Erthygl 3 – Lles y plentyn
- Erthygl 4 – Gweithredu hawliau
- Erthygl 5 – Arweiniad rhieni
- Erthygl 6 – Goroesi a datblygu
- Erthygl 7 – Cofrestru, enw, cenedligrwydd, gofal
- Erthygl 8 – Cadw hunaniaeth
- Erthygl 9 – Bod ar wahân i rieni
- Erthygl 10 – Ailuno'r teulu
- Erthygl 11 – Herwgipio
- Erthygl 12 – Parchu barn y plentyn
- Erthygl 13 – Rhyddid mynegiant
- Erthygl 14 – Rhyddid meddwl, cydwybod a chrefydd
- Erthygl 15 – Rhyddid i gymdeithasu
- Erthygl 16 – Yr hawl i breifatrwydd
- Erthygl 17 – Mynediad at wybodaeth: cyfryngau torfol
- Erthygl 18 – Cyfrifoldebau rhieni; nawdd gwladol

UN Convention on the Rights of the Child 1989

Introduction

The UN Convention on the Rights of the Child 1989 is an agreement on human rights that clearly states that children are entitled to their rights and that governments are obliged to fulfil those rights.

In 1923 Eglantyne Jebb, the founder of Save the Children, developed a series of rights for children distinct from those agreed for adults. This Declaration of the Rights of the Child was then adopted by the League of Nations in 1924.

In 1948, the rights of children were included in the United Nations' Universal Declaration of Human Rights, but some people felt that this was not sufficient, so in November 1959 the UN General Assembly adopted the second Declaration of the Rights of the Child. This focused on ten main principles and considered the child's best interests.

Then in November 1989, exactly thirty years later, the UN Convention on the Rights of the Child was adopted by the UN General Assembly. On 2 September 1990 it entered into force as international law and the UK Government agreed to be bound by it in 1991. The UN Convention on The Rights of the Child has now been ratified by 193 different countries.

The UN Convention on The Rights of the Child consists of 54 different articles (statements) detailing how children under the age of 18 years should be treated equally within society, regardless of their race, colour, language, sex, religion, disability, origin, political or other opinion, property, birth or any other status.

The UN Convention on the Rights of the Child comprises the following articles:
- Article 1 – Definition of a child
- Article 2 – Non-discrimination
- Article 3 – Best interests of the child
- Article 4 – Protection of rights
- Article 5 – Parental guidance
- Article 6 – Survival and development
- Article 7 – Registration, name, nationality, care
- Article 8 – Preservation of identity
- Article 9 – Separation from parents
- Article 10 – Family reunification
- Article 11 – Kidnapping
- Article 12 – Respect for the views of the child
- Article 13 – Freedom of expression
- Article 14 – Freedom of thought, conscience and religion
- Article 15 – Freedom of association
- Article 16 – Right to privacy
- Article 17 – Access information: mass media

- Erthygl 19 – Gwarchod rhag pob math o drais
- Erthygl 20 – Gwarchod plant sydd heb deuluoedd
- Erthygl 21 – Mabwysiadu
- Erthygl 22 – Plant sy'n ffoi
- Erthygl 23 – Plant ag anableddau
- Erthygl 24 – Iechyd a gwasanaethau iechyd
- Erthygl 25 – Adolygu triniaeth plant mewn gofal
- Erthygl 26 – Nawdd cymdeithasol
- Erthygl 27 – Safon byw digonol
- Erthygl 28 – Yr hawl i addysg
- Erthygl 29 – Amcanion addysg
- Erthygl 30 – Plant lleiafrifoedd/grwpiau brodorol
- Erthygl 31 – Adloniant, hamdden a diwylliant
- Erthygl 32 – Llafur plant
- Erthygl 33 – Camdrin cyffuriau
- Erthygl 34 – Ecsbloetio rhywiol
- Erthygl 35 – Dynladrata, gwerthu a masnachu
- Erthygl 36 – Ecsbloetio o fathau eraill
- Erthygl 37 – Carcharu a chosbi
- Erthygl 38 – Rhyfel a gwrthdaro arfog
- Erthygl 39 – Adsefydlu plant sy'n ddioddefwyr
- Erthygl 40 – Cyfiawnder ieuenctid
- Erthygl 41 – Parchu safonau sy'n bodoli'n barod
- Erthygl 42 – Ymwybyddiaeth o hawliau
- Erthygl 43 – Erthygl 54 – (Mesurau Gweithredu)

Mae cynnwys yr Erthyglau'n amrywio ond dyma fraslun o'r pedair prif egwyddor:
- Dylid amddiffyn pob plentyn rhag gwahaniaethu o bob math, heb ystyried ei hil, lliw, iaith, rhyw, crefydd neu anabledd (Erthygl 2);
- Dylai pawb sy'n ymwneud â phlant a phobl ifanc sicrhau bod darparu'r gofal a'r diogelwch sydd eu hangen arnynt yn flaenoriaeth (Erthygl 3);
- Mae gan bob plentyn yr hawl i fyw, goroesi a datblygu (Erthygl 6);
- Rhaid i bob plentyn neu berson ifanc gael y cyfle i ddweud ei farn a derbyn gwrandawiad (Erthygl 12).

Mabwysiadwyd dau brotocol ychwanegol ar 25 Mai 2000:
- Gwahardd gwerthu plant, puteindra plant a phornograffi plant;
- Cyfyngu ar y rhan mae plant yn ei chwarae mewn gwrthdaro milwrol.

Ym mhob erthygl, rhoddir pwyslais ar les plant, eu hawl i oroesi a datblygu, eu hawl i gyfranogi ac i gael eu trin mewn modd anwahaniaethol.

Yn 2008 adolygodd Pwyllgor yr UN ar Hawliau Plant gynnydd Plaid Gwladol y DU (Llywodraethau Cymru, yr Alban, Gogeldd Iwerddon, Lloegr a thiriogaethau tramor) o ran gweithredu Erthyglau'r UNCRC ac amddiffyn hawliau dynol plant a phobl ifanc fel ei gilydd.

- Article 18 – Parental responsibilities; state assistance
- Article 19 – Protection from all forms of violence
- Article 20 – Children deprived of family environment
- Article 21 – Adoption
- Article 22 – Refugee children
- Article 23 – Children with disabilities
- Article 24 – Health and health services
- Article 25 – Review of treatment in care
- Article 26 – Social security
- Article 27 – Adequate living
- Article 28 – Right to education
- Article 29 – Aims of education
- Article 30 – Children of minorities/indigenous groups
- Article 31 – Leisure, play and culture
- Article 32 – Child labour
- Article 33 – Drug abuse
- Article 34 – Sexual exploitation
- Article 35 – Abduction, sale and trafficking
- Article 36 – Other forms of exploitation
- Article 37 – Detention and punishment
- Article 38 – War and armed conflicts
- Article 39 – Rehabilitation of child victims
- Article 40 – Juvenile justice
- Article 41 – Respect for superior national standards
- Article 42 – Knowledge of rights
- Article 43 – Article 54 – (Implementation Measures)

The Articles vary in content but the four main principles outlined are as follows:
- Every child, regardless of their race, colour, language, sex, religion or disability, should be protected from every kind of discrimination (Article 2);
- Everyone dealing with children and young people should ensure that their primary consideration should be to provide them with the protection and care they need (Article 3);
- Every child has the right to life, survival and development (Article 6);
- Every child or young person has to be given the opportunity to say what they think and be listened to (Article 12).

Two additional protocols were adopted on 25 May 2000:
- To prohibit the sale of children, child prostitution and child pornography;
- To restrict the involvement of children in military conflicts.

Children's best interests, their right to survive and develop, their right to participation and to non-discriminatory practice, are emphasised throughout the articles.

In 2008 the UN Committee on the Rights of the Child undertook a review of the progress made by the UK State Party (the Governments of Wales, Scotland, Northern Ireland, England and overseas territories) towards implementing the

Gwnaeth y Gweinidog Plant, Sarah Teather ddatganiad ysgrifenedig ym mis Rhagfyr 2010, yn addo y byddai'r llywodraeth yn rhoi "ystyriaeth ddyledus" i Gonfensiwn yr UN ar Hawliau Plant wrth lunio cyfreithiau a pholisïau newydd. Mae ar weinidogion "ddyletswydd elfennol i ufuddhau i'r gyfraith gan gynnwys cyfraith rhyngwladol".

Yn 2011, Cymru oedd y wlad gyntaf yn y DU i wneud Confensiwn yr UN ar Hawliau Plant (UNCRC – *United Nations Convention on the Rights of the Child*) yn rhan o gyfraith gwlad gyda'r Mesur Hawliau Plant a Phobl Ifanc (Cymru) 2011.

Confensiwn yr UN ar Hawliau Pobl Anabl 2009

Mae Confensiwn yr UN ar Hawliau Pobl Anabl 2009 yn ddarn o gyfraith ryngwladol sy'n amlinellu dyletswydd gwledydd i warchod hawliau ac urddas pobl ag anableddau. Sefydlodd y Confensiwn feincnodau ar gyfer pobl anabl sy'n cael eu cydnabod yn rhyngwladol, e.e. yr hawl i gyfiawnder cyfartal, yr hawl i iechyd, yr hawl i addysg, cyflogaeth ac ati. Ym mis Gorffennaf 2009 cadarnhaodd llywodraeth y DU y Confensiwn a chytuno i ufuddhau i'r telerau. Bydd rhaid i'r DU adrodd yn rheolaidd i'r UN ynghylch y camau maent yn eu cymryd i hybu a gwarchod hawliau pobl anabl.

Erbyn mis Gorffennaf 2013, roedd 156 gwlad wedi arwyddo'r Confensiwn.

Mae Cymru wedi mewnblannu egwyddorion Confensiwn yr UN i'w chyfreithiau ac, hyd yma, Cymru yw'r unig wlad yn y DU i wneud y newidiadau hyn. Pasiwyd **Mesur Hawliau Plant a Phobl Ifanc (Cymru)** ar 18 Ionawr 2011. Golyga hyn fod gan weinidogion Cymru ddyletswydd gyfreithiol i ystyried yr hawliau a'r goblygiadau yng Nghonfensiwn yr UN a'i Brotocolau Dewisol, wrth wneud penderfyniadau ar weithredu unrhyw un o'i swyddogaethau. Daeth y cam cyntaf hwn o'r ddeddfwriaeth i rym ym mis Mai 2012; daw'r ail gam, sy'n cynnwys hybu ymwybyddiaeth a dealltwriaeth o Gonfensiwn yr UN, i rym ym mis Mai 2014.

Articles of the UNCRC and of protecting both children and young people's human rights.

The Children's Minister, Sarah Teather made a written statement in December 2010, pledging that the Government would give "due consideration" to the UN Convention on the Rights of the Child when creating new laws and policies. There is an "overarching duty on Ministers to comply with the law including international law".

In 2011, Wales became the first country in the UK to make the United Nations Convention on the Rights of the Child (UNCRC) part of its domestic law with the Rights of Children and Young People (Wales) Measure 2011.

UN Convention on the Rights of Disabled People 2009

The UN Convention on the Rights of Disabled People is a piece of international law that outlines the duty of countries to protect the rights and dignity of people with disabilities. The Convention has established internationally recognised benchmarks for disabled persons, e.g. the right to equal justice, the right to health, the right to education, employment etc. In July 2009 the UK government ratified the Convention and agreed to be bound to its terms. The UK will have to report regularly to the UN with regards to the steps that they are making to promote and protect disabled people's rights. By July 2013, 156 countries had signed the Convention.

Wales has embedded the principles of the UN Convention into its laws, and, as yet, Wales is the only country in the UK to have made these changes. **The Rights of Children and Young Persons (Wales) Measure** was passed on 18 January 2011. This means that Welsh ministers have a legal duty to consider the rights and obligations in the UN Convention and its Optional Protocols, when making decisions about exercising any of their functions. This first stage of the legislation came into force in May 2012, the second stage, which includes promoting knowledge and understanding of the UN Convention, will come into force in May 2014.

FFEITHIAU ALLWEDDOL

Confensiwn yr UN ar Hawliau Plant 1989

Mae Confensiwn yr UN ar Hawliau Plant yn cydnabod y dylai pob plentyn gael yr hawl i:

- Fyw gydag anghenion sylfaenol bywyd wedi'u diwallu, e.e. safon byw derbyniol, maeth, dillad, lloches a mynediad at ofal iechyd ac ati;
- Cael ei fagu mewn amgylchedd teuluol gyda chariad a gofal rhieni;
- Byw fel unigolyn o fewn cymdeithas;
- Cael ei amddiffyn a byw bywyd sy'n rhydd o wahaniaethu a chosb o bob math;
- Mynegi ei farn yn ddirwystr, a chael gwrandawiad a pharch wrth fynegi ei farn;
- Cael gofal arbennig a chael ei warchod;
- Gallu datblygu'n gorfforol, yn ddeallusol, yn gymdeithasol, yn emosiynol ac yn ysbrydol.

Mae'r Confensiwn hwn yn ymdrin â materion fel amddiffyniad plant, e.e. esgeulustod, camdriniaeth a diffyg cynnydd. Os ydy plant yn cael eu cam-drin neu eu hesgeuluso, mae rhywun yn troseddu yn erbyn eu hawliau. Bydd angen i weithiwr blynyddoedd cynnar ddelio â hyn ar unwaith os ydynt yn pryderu am les y plentyn.

GWEITHGAREDDAU

Mae gan blant hawliau, ac yn unol â Chonfensiwn yr UN, dylid sicrhau eu bod yn ymwybodol o'r hawliau hyn. Ystyriwch bedair o'r erthyglau yn y Confensiwn, yna:

a) Cynlluniwch a pharatowch weithgareddau a fydd yn hybu dealltwriaeth y plant o'r hawliau hynny;

b) Gwnewch o leiaf un o'r gweithgareddau hyn gyda grŵp o blant gan gofnodi eu hymateb;

c) Dadansoddwch a gwerthuswch ddealltwriaeth y plant drwy adolygu'r gweithgaredd a holi cwestiynau.

KEY FACTS

UN Convention on the Rights of the Child 1989

The UN Convention on the Rights of the Child recognises that every child should be given the right to:

- Live life and be given the needs that are most basic to existence, e.g. adequate standard of living, nutrition, clothing, shelter and access to health care etc.
- Grow up in a family environment with parental love and care;
- Live as an individual in society;
- Be protected and live a life free from all types of discrimination and punishment;
- Express their opinions freely and have their views listened to and respected;
- Be provided with special care and protection;
- Be able to develop physically, intellectually, socially, emotionally and spiritually.

This Convention covers issues such as child protection, e.g. neglect, abuse and failure to thrive. If children are being abused or neglected it means that their rights are being violated. An early years worker will need to deal with this immediately, if they have any serious concerns regarding the welfare of the child.

TAKE ACTION

Children have rights and, according to the UN Convention, they should be made aware of these rights. Consider four of the articles in the Convention and:

a) Plan and prepare activities that will promote the children's understanding of those rights;

b) Implement at least one of these activities with a group of children and record their responses;

c) Analyse and evaluate the children's understanding by reviewing the activity and asking questions.

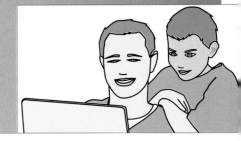

Deddf Plant 1989
Deddf Plant 2004

Cyflwyniad

Crëwyd deddf wreiddiol 1948 mewn ymateb i bryder y cyhoedd wedi marwolaeth Dennis O'Neill yn 1945, o ganlyniad i gamdriniaeth gan ei dad maeth. Ar y pryd, sefydlwyd pwyllgor o dan lywyddiaeth Maria Curtis i ystyried 'Gofal Plant' (Adroddiad Curtis 1946). Ymchwiliodd y pwyllgor i ddarpariaeth gofal plant o bob math, gan y sectorau gwladol a chyhoeddus fel ei gilydd. O ganlyniad, yn unol â Ddeddf 1948 gwnaed awdurdodau lleol yn gyfrifol am ofal plant.

Yna tynnwyd pob deddfwriaeth yn ymwneud â gofal plant at ei gilydd yn Neddf Plant 1989. Ceisiai'r Ddeddf hon sicrhau mai lles y plentyn oedd bwysicaf. Yn ogystal, ceisiai weithio mewn partneriaeth â rhieni a diogelu'r plentyn rhag niwed. Bwriad y Ddeddf oedd cryfhau safle cyfreithiol plant a rhoi iddynt hawliau, teimladau a dymuniadau cyfartal. Yr oedd hefyd yn annog plant i wneud eu penderfyniadau eu hunain, i gael eu holi am eu barn ac i gael gwybod am bopeth oedd yn digwydd iddynt.

Roedd Deddf Plant 1989 yn cynnwys y canlynol:
- Diwygio'r gyfraith yn ymwneud â phlant;
- Sicrhau bod awdurdodau lleol yn darparu gwasanaethau i blant mewn angen ac eraill;
- Newid y gyfraith yn ymwneud â chartrefi plant, cartrefi cymunedol, cartrefi gwirfoddol a mudiadau gwirfoddol;
- Trefnu'r ddarpariaeth parthed maethu, mabwysiadu, gwarchod plant a gofalu am blant ifanc yn ystod y dydd.

Cryfhawyd deddfwriaeth gofal plant ymhellach gan Ddeddf Plant 2004. Diwygiodd y Ddeddf hon Ddeddf 1989 yn bennaf o ganlyniad i Ymchwiliad Victoria Climbié. Mae'r Ddeddf yn ceisio gwella bywydau plant fwyfwy ac yn gosod y seiliau cyfreithiol ar gyfer **'Mae Pob Plentyn yn Bwysig: Newid er mwyn Plant'** (rhaglen a anelwyd at drawsnewid gwasanaethau plant).

Wrth gynllunio Deddf Plant 2004 ystyriwyd egwyddorion arweiniol ar gyfer cefnogi a gofalu am blant. Dyma'r egwyddorion:
- Caniatáu i blant fod yn iach;
- Caniatáu i blant gadw'n ddiogel o fewn eu hamgylchedd;
- Helpu plant i fwynhau bywyd;
- Cynorthwyo plant i gyflawni a llwyddo;
- Cefnogi plant a gwneud cyfraniad positif i fywydau plant;
- Galluogi plant i gyrraedd lles economaidd.

Children Act 1989
Children Act 2004

Introduction

The original Act of 1948 was created as a consequence of the public concern following the death of Dennis O'Neill, at the hands of his foster father in 1945, due to child abuse. At that time a committee was set up, headed by Maria Curtis, to consider 'The Care of Children' (The Curtis Report 1946). The committee investigated all forms of childcare provision, by both the state and voluntary sectors. Following this, the 1948 Act made local authorities responsible for childcare.

Childcare law was then brought together by the Children Act 1989. This Act aimed to ensure that the welfare of the child was paramount. It aimed also to work in partnership with parents and to protect the child from harm. The Act was intended to strengthen the child's legal position and to give him/her equal rights, feelings and wishes. It also encouraged children to make their own decisions, to be consulted and to be kept informed about everything that happens to them.

The Children Act 1989 included the following:
- Reforming the law relating to children;
- Making provision for local authority services for children in need and others;
- Amending the law with respect to children's homes, community homes, voluntary homes and voluntary organizations;
- Making provision with respect to fostering, adoption, child minding and day care for young children.

Childcare law was further strengthened by the Children Act 2004. This Act amended the 1989 Act largely in consequence to the Victoria Climbié inquiry. This Act aimed to further improve children's lives and give the legal underpinning to '**Every Child Matters: Change for Children**' (a programme aimed at transforming children's services).

The Children Act 2004 was designed with guiding principles in mind for the support and care of children. These are:
- To allow children to be healthy;
- To allow children to stay safe in their environments;
- To help children to enjoy life;
- To assist children to achieve and succeed;
- To support children and make a positive contribution to the lives of children;
- To enable children to achieve economic well-being.

The 2004 Act covers the universal

Mae Deddf 2004 yn cynnwys y gwasanaethau cyffredinol y mae pob plentyn yn cael eu defnyddio, gyda gwasanaethau mwy penodol ar gyfer y plant hynny sydd ag anghenion ychwanegol. Y nod pennaf ydy annog 'cynllunio, comisiynu a darparu gwasanaethau mewn ffordd integredig, yn ogystal â gwella gwaith amlddisgyblaethol, cael gwared â dyblygu gwaith, cynyddu atebolrwydd a gwella cydlyniad arolygiadau unigol ac ar y cyd yn yr awdurdodau lleol.' Mae'r ddeddfwriaeth yn rhoi tipyn o hyblygrwydd i'r awdurdodau lleol yn y modd y maent yn gweithredu gofynion y ddeddf.

Mae Adran 10 ac Adran 11 Deddf Plant 2004 yn gofyn i'r awdurdod lleol, yr heddlu, awdurdodau iechyd perthnasol, y tîm troseddau ieuenctid ac eraill i gyd-weithio i hybu lles plant, e.e. eu hiechyd, addysg, hyfforddiant, lles cymdeithasol ac economaidd ac ati. Maent hefyd yn trosglwyddo dyletswydd statudol i rai pobl a chyrff i wneud trefniadau i warchod a hybu lles plant.

Yn ôl Deddf Plant 2004 mae'n ddyletswydd ar bob awdurdod lleol a'u partneriaid yng Nghymru i gyd-weithio'n agos i hybu lles plant. Mae rhan tri o Ddeddf Plant 2004 yn gymwys i Gymru yn unig ac yn galluogi Llywodraeth Cymru i roi mwy o annibyniaeth i awdurdodau lleol yng Nghymru na'r awdurdodau yn

Lloegr. Yng Nghymru, sefydlwyd partneriaethau Plant a Phobl Ifanc i wireddu hyn.

Mae'r Ddeddf Plant yn effeithio ar:
* Rieni;
* Gofalwyr maeth;
* Ymarferwyr pediatrig;
* Gweithwyr gofal preswyl;
* Nyrsys plant;
* Staff addysgu;
* Gweithwyr cymdeithasol (plant a theuluol);
* Gweithwyr meithrin a chylchoedd chwarae ac ati.

Mae cysylltiad clir ac amlwg rhwng y Ddeddf Plant a Deddfau eraill, gan gynnwys:
* **Y Ddeddf Amddiffyn Plant 1999**
* **Deddf Gadael Gofal 2000**
* **Deddf Safonau Gofal 2000**
* **Deddf Comisiynydd Plant Cymru 2001**
* **Deddf Mabwysiadu a Phlant 2002**
* **Deddf Ymddygiad Gwrthgymdeithasol 2003**
* **Deddf Troseddau Rhyw 2003**
* **Deddf Trais, Troseddau a Dioddefwyr yn y Cartref 2004**
* **Deddf Gofal Plant 2006**
* **Deddf Diogelu Grwpiau Bregus 2006**
* **Deddf Plant a Phobl Ifanc 2008**
* **Deddf Plant, Ysgolion a Theuluoedd 2010**
(Diwygiwyd nifer o'r deddfau uchod i gynnwys datblygiadau diweddar.)

services that every child accesses, with more targeted services for those with additional needs. The main aim is to encourage 'integrated planning, commissioning and delivery of services as well as improving multi-disciplinary working, removing duplication, increasing accountability and improving the coordination of individual and joint inspections in local authorities.' The legislation enables and provides local authorities with a considerable amount of flexibility in the way they implement its provisions.

Section 10 and Section 11 of the Children Act 2004 requires the local authority, the police, relevant health authorities, the youth offending team and others to work co-operatively together in order to improve the well-being of children, e.g. their health, education, training, social and economic well-being etc. They also place a statutory duty on key people and bodies to make arrangements to safeguard and promote the welfare of children.

The Children Act 2004 has introduced a duty on all local authorities and their partners in Wales to co-operate closely, in order to improve the well-being of all children. Part three of the Children Act 2004 applies solely to Wales and enables the Welsh Government to give local authorities in Wales more independence than the authorities in England. In Wales,

Children and Young People's partnerships have also been set up in order to achieve this.

The Children Act affects:
- Parents;
- Foster carers;
- Paediatric practitioners;
- Residential care workers;
- Children's nurses;
- Teaching staff;
- Social workers (child and family);
- Nursery and playgroup workers etc.

The Children Act can be clearly and closely linked to other Acts, which include:
- **The Protection of Children Act 1999**
- **Leaving Care Act 2000**
- **Care Standards Act 2000**
- **Children's Commissioner for Wales Act 2001**
- **Adoption and Children Act 2002**
- **Antisocial Behaviour Act 2003**
- **Sexual Offences Act 2003**
- **Domestic Violence, Crime and Victims Act 2004**
- **Childcare Act 2006**
- **Safeguarding Vulnerable Groups Act 2006**
- **Children and Young Persons Act 2008**
- **Children, Schools and Families Act 2010**

(Several of the above Acts have been amended to include recent developments.)

This Children Act represents a radical updating of UK Care Systems and, if it is

Mae'r Ddeddf Plant yn cynrychioli diweddariad radicalaidd o Systemau Gofal y DU a chaiff effaith sylweddol ar ansawdd y gofal a roddir i blant os caiff ei gweithredu'n effeithiol. Mae'r gwasanaethau a reolir dan y Ddeddf hon yn cynnwys yr holl wasanaethau gofal plant yng Nghymru, e.e. gwasanaethau gofal dydd, gwarchod plant, cartrefi plant, maethu a mabwysiadu, yn ogystal â lles plant sy'n byw oddi cartref mewn ysgolion preswyl.

Yn 2006 sefydlodd **Rheoliadau Byrddau Diogelu Plant Lleol (Cymru)** ddarpariaeth Byrddau Diogelu Plant Lleol (LSCBs) o fewn awdurdodau lleol yng Nghymru.

Deddf Plant a Phobl Ifanc 2008

Prif nod cyflwyno Deddf Plant a Phobl Ifanc 2008 oedd ehangu'r fframwaith statudol oedd yn bodoli ar gyfer pob plentyn a pherson ifanc mewn gofal yng Nghymru (a Lloegr). Nod y Ddeddf yw sicrhau bod y plant yn derbyn gwasanaethau, gofal a chefnogaeth o safon uchel ac sydd wedi ei deilwra i'w hanghenion unigol.

Mae hefyd yn anelu at wella:
- Sefydlogrwydd lleoliadau gofal;
- Ansawdd profiadau addysgiadol;
- Cyflawniad y plant a'r bobl ifanc sydd dan ofal awdurdodau lleol a'r rheiny sydd ar fin gadael gofal.

Ar 16 Mawrth 2011 rhoddwyd Cydsyniad Brenhinol i **Fesur Hawliau Plant a Phobl Ifanc (Cymru)**. Mae'r Mesur yn gorfodi Gweinidogion Cymru, bob amser, i ystyried Confensiwn y Comisiwn Ewropeaidd ar Hawliau Plant (UNCRC) a darpariaethau eraill sy'n ymwneud â Hawliau Plant yng Nghymru.

FFEITHIAU ALLWEDDOL

Deddf Plant 1989
Deddf Plant 2004

- Y Ddeddf Plant ydy'r darn o ddeddfwriaeth bwysicaf sy'n effeithio ar ddarpariaeth gwasanaethau gofal plant ar hyn o bryd.

- Lles y plentyn yw'r ystyriaeth bwysicaf. Dyma'r 'egwyddor goruchaf'.

- Mor aml â phosib, dylid gofalu am blant o fewn eu teuluoedd eu hunain.

- Dylid cynnig cymorth i rieni – mae partneriaeth gyda'r rhieni yn bwysig er mwyn ateb gofynion unigolion. Pwysleisir cyfrifoldeb y rhieni.

- Cynigir gwasanaethau statudol i blant mewn angen a dylai unrhyw bartneriaeth rhwng gwasanaethau fod yn effeithiol.

implemented correctly and effectively, will have a significant impact on the quality of care provided to children. The services regulated under this Act extend to all child care services in Wales, e.g. day care, childminding, children's homes, fostering and adoption services, as well as the welfare of children living away from home in boarding schools.

In 2006, the **Local Safeguarding Children Boards (Wales) Regulations** established the provision of Local Safeguarding Children Boards (LSCBs) in local authorities in Wales.

Children and Young Persons Act 2008

The main aim of introducing the Children and Young Persons Act 2008 was to extend the statutory framework that was in place for all children and young people in care in Wales (and England). The Act aims to ensure that the children receive services, care and support of a high quality and which is tailored to their individual needs.

It also aims to improve:
- The stability of care placements;
- The quality of educational experiences;
- The achievements of the children and young people in local authorities and those about to leave care.

On 16 March 2011 the **Rights of Children and Young Persons (Wales)**

Measure received Royal Assent. The Measure has placed an obligation on Welsh Ministers, at all times, to consider the United Nations Convention on the Rights of the Child (UNCRC) and other provisions relating to Children's Rights in Wales.

KEY FACTS

Children Act 1989
Children Act 2004

- The Children Act is the most important piece of legislation currently affecting the provision of care services for children.

- The welfare of the child is of paramount consideration. This is known as 'paramountcy principle'.

- Whenever possible children should be cared for within their own families.

- Parents should be offered help – a partnership with parents is important in order to meet the needs of individuals. The responsibility of the parents is stressed.

- Statutory services are offered to children in need and partnerships between services need to be effective.

- Children should be safe and protected at all times.

- Dylai plant fod yn ddiogel a chael eu gwarchod drwy'r amser.

- Dylid rhoi gwybod i blant beth sy'n digwydd iddynt a dylid caniatáu iddynt wneud penderfyniadau am eu dyfodol. Dylid ystyried eu teimladau bob amser.

- Dylid parchu hil, diwylliant, crefydd a iaith y plentyn drwy'r amser, a dylai'r gwasanaeth sy'n cael ei ddarparu fod yn addas.

- Yn ystod achosion amddiffyn plant, dylai'r gwasanaethau a'r llysoedd barn sicrhau eu bod bob amser yn osgoi oedi.

 GWEITHGAREDDAU

Senario ar gyfer trafodaeth grŵp

Mae Cai yn dair a hanner oed, ac yn mynychu Meithrinfa Llwynmarch bum niwrnod yr wythnos. Unig blentyn yw Cai ac mae wedi byw gyda'i fam ers iddi hi a'i gŵr ysgaru 18 mis yn ôl. Mae Cai yn gweld ei dad bob yn ail benwythnos yn rheolaidd. Mae'n blentyn hapus iawn, ac yn boblogaidd gyda'i gyfoedion. Mae'n siaradus iawn ac yn amlwg yn mwynhau ei amser yn y feithrinfa.

Yn ystod yr wythnosau diwethaf, bu Cai yn fewnblyg a thawel, gan ddechrau ymddwyn yn gas tuag at y plant eraill yn ei grŵp yn y feithrinfa. Deirgwaith, daeth i mewn i'r feithrinfa gyda chleisiau newydd ar ei fraich ac ar ran uchaf ei gorff. Pan siaradodd Rheolwr y Feithrinfa â'i fam am y cleisiau, eglurodd bod Cai wedi cael damwain fach yn y tŷ.

Mae Cai wedi sôn am 'Dylan' sawl gwaith yn ddiweddar, ond pan ofynnodd ei Weithiwr Allweddol iddo am Dylan, roedd yn gyndyn iawn i ddweud mwy. Ymhen ychydig, dywedodd mai ffrind ei fam oedd Dylan a'i fod wedi symud i fyw atynt yn ddiweddar.

Mae'n amlwg bod Cai yn anhapus am y sefyllfa.

1. Trafodwch y dulliau gweithredu yr ydych yn teimlo y dylech chi, fel gweithiwr gofal plant, eu mabwysiadu yn y sefyllfa hon.

2. Pa wasanaethau eraill y dylai Rheolwr y Feithrinfa gysylltu â nhw os nad ydy'r sefyllfa'n gwella?

3. Yn ôl Deddfau Plant 1989 a 2004, lles y plentyn sydd bwysicaf, ac mae'n bwysig bod gwasanaethau, sefydliadau ac ati yn cyd-wethio â rhieni i amddiffyn plant rhag niwed. Sut y gallai'r gwasanaethau cymdeithasol weithio gyda'r fam yn y sefyllfa hon?

- Children should be kept informed about what happens to them and they should be allowed to make decisions about their future. Their feelings should be considered at all times.

- The child's race, culture, religion and language must be respected at all times and the service provided must be appropriate.

- During child protection cases the services and courts should ensure that delay is avoided in all circumstances.

 TAKE ACTION

Scenario for group discussion

Cai is three and a half years old, and attends Llwynmarch Nursery five days a week. Cai is an only child and has lived with his mother since she and her husband divorced 18 months ago. Cai sees his father every other weekend on a regular basis. Cai is a very happy child, popular with his peers. He is very talkative and obviously enjoys his time at nursery.

During the past few weeks, Cai has become very withdrawn and quiet, and has started to show aggressive behaviour towards the other children in his group at nursery. On three occasions he has come into the nursery with fresh bruises on his arm and upper body. When the Nursery Manager approached his mother and asked her about these bruises, she explained that they were the result of minor accidents in the home.

Recently, on several occasions, Cai has mentioned 'Dylan', but when his Key Worker asked him about Dylan, Cai was quite reluctant to talk about him. After a while, he said that he was a friend of his mother's, who had recently moved into the family home.

Cai is obviously upset by this situation.

1. Discuss the procedures that you, as a child care worker, feel you would need to take in this situation.

2. Which services would the Nursery Manager need to contact if this situation did not improve?

3. According to the Children Acts 1989 and 2004, the welfare of the child is paramount, and it is important that services, organizations etc. work in partnership with parents to protect the child from harm. How could Social Services work with the mother in this situation?

Deddf Amddiffyn Plant 1999
Deddf Gadael Gofal 2000
Deddf Mabwysiadu a Phlant 2002

Cyflwyniad

Daeth **Deddf Amddiffyn Plant 1999** i rym yn 2000 ac yn ei sgil cyflwynwyd Rhestr y Ddeddf Amddiffyn Plant, sy'n cofnodi enwau'r unigolion hynny sy'n cael eu hystyried yn anaddas i weithio gyda phlant.

Mae pob mudiad gofal plant wedi elwa o'r Rhestr hon, gan eu bod bellach yn gallu gwirio enwau darpar-weithwyr. Gosodir ar y rhestr enw unrhywun a weithiodd gyda phlant ac a gafodd ei 'ddiswyddo am gamymddygiad sydd naill ai wedi niweidio plentyn neu wedi rhoi plentyn mewn perygl'.

Yn ôl **Deddf Cyfiawnder Troseddol a Gwasanaethau Llysoedd 2000**, mae'n drosedd cynnig gwaith neu gyflogi rhywun, o wybod:
- Bod y person mewn sefyllfa 'rheoledig' fel y'i gelwir (gan gynnwys swyddi gofal plant);
- Ei fod yn unigolyn sydd wedi'i wahardd rhag gweithio gyda phlant;
- Bod gan y person orchymyn llys yn ei wahardd.

Mae dyletswydd statudol ar bob mudiad gofal plant sydd wedi'i gofrestru ac yn cael eu harolygu'n rheolaidd, i atgyfeirio enwau'r unigolion hynny sy'n ateb y meini prawf penodol sy'n eu gwneud yn addas i weithio gyda phlant, er mwyn iddynt gael eu cynnwys ar Restr y Ddeddf Amddiffyn Plant. Dan ddeddfwriaeth y Ddeddf hon mae gan gyrff eraill, fel mudiadau gwirfoddol, clybiau chwaraeon a chymdeithasau sgowtiaid, yr hawl i atgyfeirio enwau i'w hystyried ar gyfer eu cynnwys ar Restr y Ddeddf Amddiffyn Plant.

Daeth y **Ddeddf Amddiffyn Rhyddid 2012** i rym yn y DU yn 2012, gan arwain at dorri'r cynllun Archwilio a Gwahardd. Ym mis Mawrth 2013 cyfunodd y Ganolfan Cofnodion Troseddol (CRB) a'r Awdurdod Diogelu Annibynnol i ffurfio'r Gwasanaeth Dadlennu a Gwahardd (DBS).

Erbyn hyn gall pob mudiad gofal plant wirio enwau pobl y dumunant eu cyflogi i weithio gyda phlant drwy'r Gwasanaeth Dadlennu a Gwahardd (DBS).

Y Deddfwriaethau yng Nghymru sy'n delio â throseddau'n ymwneud â delweddau anweddus o blant yw'r **Ddeddf Cyfiawnder Troseddol 1988** a'r **Ddeddf Amddiffyn Plant 1978**. Amlinellir y gyfraith ynglŷn â delweddau yn glir – mae'n drosedd tynnu lluniau, caniatáu i luniau gael eu tynnu, gwneud, bod yn

Protection of Children Act 1999
Children Leaving Care Act 2000
Adoption and Children Act 2002

Introduction

The **Protection of Children Act 1999** came into force in 2000 and introduced the Protection of Children Act List, which records the names of individuals who are considered unsuitable to work with children.

All childcare organizations have benefited from this List, as they are now able to check names of prospective employees. The name of anyone working with children who has been 'dismissed for misconduct, which has either harmed a child or placed a child at risk of harm' is placed on the list.

Under the **Criminal Justice and Court Services Act 2000** it is an offence to knowingly offer work to or to employ:
- A person in a so-called 'regulated' position (which includes child care positions);
- An individual who is disqualified from working with children;
- A person who has a disqualification order from the court.

All child care organizations, which are registered and inspected regularly have a statutory duty to refer the names of those individuals who fulfil certain criteria, which make them unsuitable to work with children, for possible inclusion on the Protection of Children Act List. Under the legislation of this Act, other bodies, such as voluntary organizations – sports clubs and scout associations are also able to refer names for possible inclusion on the Protection of Children Act List.

The **Protection of Freedoms Act 2012** became law in the UK in 2012, which resulted in the Vetting and Barring scheme being cut. In March 2013 the Criminals Records Bureau (CRB) and the Independent Safeguarding Authority merged into the Disclosure and Barring Service (DBS).

All childcare organizations are now able to check names of people they propose to employ to work with children, via the Disclosure and Barring Service (DBS).

The Legislation for Wales which deals directly with offences concerning indecent images of children are **The Criminal Justice Act 1988** and **The Protection of Children Act 1978**. The law on images is clearly outlined – it is an offence to take, permit to be taken, make, possess, show, distribute or advertise indecent images of children in the United Kingdom. The word

berchen ar, dangos, dosbarthu neu hysbysebu lluniau anweddus o blant yn y Deyrnas Unedig. Yr un yw ystyr y gair anweddus yma ag yn y geiriadur – unrhyw ddelweddau o blant dan 18 oed (roedd yn 16 oed tan fis Mai 2004) sydd wrthi'n gwneud unrhyw weithgaredd rhywiol neu'n edrych yn bryfoclyd mewn ffordd rywiol.

Mae **Deddf Gadael Gofal 2000** yn ei gwneud hi'n ddyletswydd ar awdurdodau lleol i asesu ac ateb gofynion pobl ifainc sydd mewn gofal neu'n gadael gofal ac i gadw cysylltiad â hwy tan eu bod yn 21.

Prif amcanion y Ddeddf yw gwella asesiadau, paratoadau a chynlluniau ar gyfer gadael gofal er mwyn galluogi pobl ifanc i fyw yn annibynnol, gwella trefniadau ariannol ar gyfer pobl ifanc sy'n gadael gofal, gohirio trefniadau rhyddhau tan eu bod yn barod i adael a darparu cefnogaeth ar ôl iddynt adael gofal.

Dylai pob person ifanc gael cynghorydd, a fydd yn cydlynu'r ddarpariaeth o gefnogaeth a chymorth i ateb ei ofynion. Bydd y pwyslais ar helpu'r person i ddechrau ar gwrs addysgol, cwrs hyfforddiant neu i ddechrau swydd. (Bydd y cymorth yn parhau gydag addysg neu hyfforddiant tan i'r rhaglen orffen, hyd yn oed os yw'r person yn hŷn na 21 erbyn y diwedd.)

Daeth **Deddf Mabwysiadu a Phlant 2002** i rym yn rhannol ym mis Tachwedd 2002 a daeth y cyfan i rym yn 2005. Mae'r Ddeddf wedi moderneiddio'r fframwaith cyfreithiol cyfan ar gyfer mabwysiadu yn y wlad hon ac o wledydd tramor.

Mae rhan gyntaf y Ddeddf yn ymwneud â dyletswyddau'r awdurdodau lleol i ddarparu gwasanaeth mabwysiadu a gwasanaethau cynorthwyol, a daeth i rym yn 2003. Mae ail ran y ddeddfwriaeth yn ymwneud â mabwysiadu plant o wledydd tramor, a daeth i rym ym Mehefin 2003. Rhoddwyd y drydedd rhan mewn grym ym mis Hydref 2003 ac mae honno'n ymwneud â Gwasanaethau Cefnogi Mabwysiadu. Caiff Deddf Mabwysiadu a Phlant 2002 ei chydnabod fel y newid mwyaf yn y gyfraith yn ymwneud â mabwysiadu ers 26 mlynedd, gan ddisodli **Deddf Mabwysiadu 1976** a moderneiddio pob agwedd ar y fframwaith gyfreithiol ar gyfer mabwysiadu yn y wlad hon yn ogystal ag o wlad arall. Rhaid i bob awdurdod lleol ac asiantaeth fabwysiadu gwirfoddol ufuddhau i'r gofynion newydd.

Yn unol â **Deddf Plant 1989/2004**, lles y plentyn sydd bwysicaf wrth wneud pob penderfyniad yn ymwneud â mabwysiadu.

Mae'r Ddeddf yn ymgorffori mesurau o'r **Ddeddf Mabwysiadu 1999 (agweddau rhyngwladol)** ac yn estyn y mesurau hyn gyda chosbau ac amddiffyniadau newydd

indecent is defined as it is described in the dictionary – it means any images of children, under 18 years of age (it was 16 years of age until May 2004), involved in sexual activity or posed to be sexually provocative.

The **Children Leaving Care Act 2000** puts a duty on local authorities to assess and meet the needs of young people who are in care or are care leavers and to keep in touch with them until they are at least 21.

The Act's main aims are to improve the assessment, preparation and planning for leaving care in order to enable young people to live independently, to improve the financial arrangements for young people leaving care, to postpone discharge arrangements until they are ready to depart and to provide support for them after they leave care.

All young people should have an advisor, who will coordinate the provision of support and assistance, in order to meet their needs. Emphasis will be placed on helping the young person into education, training or employment. (Continuing assistance will be available with education or training until the end of the agreed programme, even if it takes someone past the age of 21).

The **Adoption and Children Act** came into effect in November 2002, but came fully into effect in December 2005. The Act has modernised the entire legal framework for both domestic and inter-country adoption.

The first stage of the Act, dealing with local authorities' duties to provide an adoption service and support services, was implemented in 2003. The second stage, relating to inter-country adoptions came into effect in June 2003 and the third stage, relating to Adoption Support Services, was implemented in October 2003. The Adoption and Children Act 2002 is considered to be the biggest change in adoption law for 26 years, replacing the outdated **Adoption Act 1976** and modernising the entire legal framework for both domestic and inter-country adoption. All local authorities and voluntary adoption agencies must comply with the new provisions.

In accordance with the **Children Act 1989/2004** the child's welfare is the paramount consideration in all decisions made relating to adoption.

The Act incorporates measures included in the **Adoption Act 1999 (inter-country aspects)** and extends these measures with new penalties and safeguards in Wales and England. **The Adoption and Children Act 2002/Children and Adoption Act**

yng Nghymru a Lloegr. Mae **Deddf Mabwysiadu a Phlant 2002/Deddf Plant a Mabwysiadu 2006** yn rhoi grymoedd mwy hyblyg i'r llysoedd i alluogi cysylltiad â phlant ac i orfodi gorchmynion cyswllt pan fydd rhieni a wahanwyd yn dadlau.

Mae **Deddf Mabwysiadu a Phlant 2002** yn cynnwys gofynion allweddol, e.e.
a) Gofyn bod gorchmynion mabwysiadu yn ffafrio pobl sengl, cyplau priod ac, am y tro cyntaf, parau di-briod;
b) Rhoi dyletswydd ar yr awdurdodau lleol i gynnal gwasanaeth fabwysiadu, gan gynnwys trefniadau ar gyfer darparu gwasanaethau i gefnogi mabwysiadu. Mae'r Ddeddf Mabwysiadu newydd yn fwy cydnaws o lawer ag ethos Deddf Plant 1989, gan sicrhau bod lles y plentyn yn ystyriaeth bwysicach na dim byd arall ym mhob penderfyniad ac ym mhob cyfnod yn ystod y broses yn ymwneud â'r mabwysiadu.

Mae'r ddeddfwriaeth newydd yn cydnabod y newidiadau sydd wedi digwydd yn y gymdeithas yn ei chrynswth ac mae agweddau tuag at wahanol fathau o berthnasau tymor hir wedi'u cynnwys yn y Ddeddf, e.e.
- erbyn hyn, gall parau di-briod geisio mabwysiadu plentyn ar y cyd.
- bellach, gall cyplau o'r un rhyw geisio mabwysiadu plentyn ar y cyd hefyd.

FFEITHIAU ALLWEDDOL

Deddf Amddiffyn Plant 1999
Deddf Gadael Gofal 2000
Deddf Mabwysiadu a Phlant 2002

- Mae'n ddyletsywdd ar yr Ysgrifennydd Gwladol dan y Ddeddf Amddiffyn Plant, i gadw rhestr o bobl sy'n cael eu hystyried yn anaddas i weithio gyda phlant (Rhestr PoCA). Gall yr Ysgrifennydd Gwladol dynnu enw unigolyn oddi ar y Rhestr os yw ef/hi'n fodlon na ddylai fod yno.

- Mae'r Ddeddf Plant (Gadael Gofal) 2000 wedi'i seilio ar y ddogfen ymgynghorol **Me, Survive, Out There?** (Trefniadau newydd ar gyfer pobl ifanc yn byw mewn gofal ac yn gadael gofal). Daeth y Ddeddf i rym yn 2001. Cyhoeddodd Llywodraeth Cymru ganllawiau sy'n amlinellu dyletsywddau awdurdodau lleol wrth gefnogi'r rheiny sy'n gadael eu gofal, fel yr amlinellir yn y Ddeddf.

- Er bod Deddf Mabwysiadu a Phlant 2002 yn cynnwys y DU i gyd, Llywodraeth Cymru sy'n gyfrifol am ddehongli rhywfaint o'r manylion yng Nghymru.

2006 gives courts more flexible powers to facilitate child contact and enforce contact orders when separated parents are in dispute.

The **Adoption and Children Act 2002** contains key provisions, e.g.

a) Providing for adoption orders to be made in favour of single people, married couples and, for the first time, unmarried couples;

b) Placing a duty on local authorities to maintain an adoption service, including arrangements for the provision of adoption support services. The new Adoption Act is much more in keeping with the ethos of the Children Act 1989, and ensures that the child's welfare is the paramount consideration in all decisions, stages and processes relating to the adoption.

The new Act recognises the changes there have been in society as a whole and attitudes to different types of long-term relationship are included in the Act, e.g.

- Unmarried couples can now apply jointly to adopt a child.
- Same sex couples can now apply jointly to adopt a child.

KEY FACTS

Protection of Children Act 1999
Children Leaving Care Act 2000
Adoption and Children Act 2002

- The Protection of Children Act imposes a duty on the Secretary of State to maintain a list of people considered unsuitable to work with children (The PoCA List). The Secretary of State has the discretion to remove an individual from the List if he/she is satisfied that they should not have been included on it.

- The Children (Leaving Care) Act 2000 is based upon the consultation document **Me, Survive, Out There?** (New arrangements for young people living in and leaving care). The Act came into force in 2001. The Welsh Government has published guidance, which sets out the duties for local authorities in supporting their care leavers as outlined in the Act.

- Although the Adoption and Children Act 2002 applies to the whole of the UK, the way in which some of the detail is interpreted in Wales is the responsibility of the Welsh Government.

- Lles y plentyn yw'r egwyddor sydd wrth wraidd y dair Deddf: yr hyn sydd orau i'r plentyn sydd i gael y flaenoriaeth ym mhob sefyllfa.

 GWEITHGAREDDAU

Senario ar gyfer trafodaeth grŵp

Mae Lloyd yn 38 oed ac wedi bod yn gweithio ym maes gofal plant ers blynyddoedd. Mae'n wych gyda phlant ac yn ysu am gael plentyn ei hun.

Mae Lloyd ac Eddie wedi bod mewn perthynas â'i gilydd ers deuddeng mlynedd ac wedi bod yn cyd-fyw ers wyth. Ychydig flynyddoedd yn ôl, penderfynont yr hoffent fabwysiadu eu plentyn eu hunain, ond fe'u gwrthodwyd ar y pryd am eu bod yn bâr hoyw.

a) Dan y Ddeddf Mabwysiadu a Phlant 2002, a fyddai Lloyd ac Eddie yn gallu ceisio mabwysiadu plentyn unwaith eto?

b) Ymchwiliwch i brosesau mabwysiadu: beth yw'r gofynion a'r prif egwyddorion?

c) Enwch y pum prif newid rhwng Deddf Mabwysiadu 1976 a Deddf Mabwysiadu a Phlant 2002.

- An underlying principle seen in the three Acts is that the welfare of the child is paramount: what is best for the child must come before anything else in all circumstances.

TAKE ACTION

Scenario for group discussion

Lloyd is 38 years of age and has been working in childcare for years. He is excellent with children and longs for a child of his own.

Lloyd has been in a relationship with Eddie for twelve years and they have been living together for over eight years. A few years ago, they decided that they would like to adopt a child of their own, but at the time were turned down, due to the fact that they were a gay couple.

a) Under the legislation of the Adoption and Children Act 2002, would Lloyd and Eddie now be able to apply to adopt a child?

b) Research into the processes and stages of adoption: what are the requirements and the main principles linked to adoption?

c) List the five main changes between the Adoption Act 1976 and the Adoption and Children Act 2002.

Deddfau Addysg 1921-2011

Cyflwyniad

Daeth y Ddeddf Addysg gyntaf i rym yn 1921, ac ynddi diffiniwyd pum categori o anabledd. Yn aml, os barnwyd bod gan blant un o'r anableddau hyn, fe'u gosodwyd mewn cartref preswyl i blant dall a/neu fud a byddar.

Yn 1944, cyflwynwyd Deddf Addysg ddiwygiedig. Diffiniai'r Ddeddf hon 11 categori o anabledd, gan gynnwys plant byddar, dall, dan anfantais corfforol, epileptig, diabetig ac ati. Aseswyd y plant hyn gan feddygon ac os barnwyd bod ganddynt anghenion addysgol arbennig, fe'u gosodwyd mewn sefydliadau neu ysbytai.

Yn 1970 diwygiwyd y Ddeddf unwaith eto i gynnwys plant ag anableddau meddwl mwy difrifol. Asesodd Adroddiad Warnock, a gyhoeddwyd yn 1978, y ddarpariaeth a oedd ar gael i blant ag anghenion arbennig. Cafodd goblygiadau'r adroddiad hwn effaith hirbarhaol, a daeth yn rhan bwysig o'r ddarpariaeth a gynigiwyd, o ran addysgu a dysgu.

Newidiodd Deddf Addysg 1981, a ddaeth yn sgil **Adroddiad Warnock**, y cysyniad o anghenion arbennig. Ceisiodd roi mwy o rym i rieni, fel partneriaid yn addysg eu plant. O ganlyniad i'r Ddeddf, cyflwynwyd gweithdrefnau lle'r oedd gofyn i athrawon fonitro ac asesu anghenion arbennig plant, rhywbeth a allai arwain at roi datganiad anghenion arbennig i rai ohonynt. Yn ogystal, sicrhawyd bod gan Awdurdodau Addysg Lleol ddyletswydd statudol i ddarparu addysg briodol ar gyfer plant ag anghenion addysgol arbennig. Gososdodd y Ddeddf hon y seiliau ar gyfer Deddf Diwygio Addysg 1988.

Weithiau cyfeirir at Ddeddf Diwygio Addysg 1988 fel 'Deddf Baker' ar ôl Kenneth Baker, a oedd yn Ysgrifennydd Gwladol dros Addysg ar y pryd. O ganlyniad i'r Ddeddf hon, cyflwynwyd y Cwricwlwm Cenedlaethol a rhoddwyd mwy o rym i ysgolion. Rhoddwyd pwyslais mawr ar gynnwys yn hytrach nag eithrio plant ag anghenion addysgol arbennig o fewn y Cwricwlwm Cenedlaethol. Credai'r Ddeddf Diwygio Addysg y dylai plant gael mynediad i gwricwlwm eang a chytbwys, ac y dylid cymhwyso a gwneud trefniadau arbennig lle bo angen.

Diwygiwyd y Ddeddf Addysg ymhellach yn ystod y blynyddoedd diwethaf, fel y gwelir ym Mhapur Gwyn 2002. Rhoddir blaenoriaeth i godi safonau, llwyddo, hyrwyddo datblygiadau newydd mewn ysgolion a diwygio cyfraith addysg, ac arolygir pob un o'r rhain. Roedd Deddf Addysg 2002 yn cynnwys y ddarpariaeth o orfodi cyrff llywodraethol ysgolion, awdurdodau addysg lleol a sefydliadau addysg bellach i hybu diogelwch a lles plant.

Education Acts 1921-2011

Introduction

The first Education Act came into force in 1921 and defined five categories of disability. Children who were recognised as having one of these five disabilities were very often placed in residential homes for blind and/or deaf and dumb children.

In 1944, an amended Education Act was introduced. This Act defined 11 categories of disability, including children who were deaf, blind, physically handicapped, epileptic, diabetic etc. These children were assessed by doctors and if found to have special educational needs they were to be placed in institutions or hospitals.

In 1970 the Act was amended once more, to include children who had more severe mental disabilities. The Warnock Report in 1978 assessed the provision that was available for children with special needs. The implications of this report for all schools had a lasting significance and became an important part of both the teaching and learning provision.

The 1981 Education Act, which followed the **Warnock Report**, changed the concept of special needs. It aimed to give parents more power, as partners in their children's education. The Act introduced procedures in which teachers were requested to monitor and assess children's special needs, which could then result in some children being statemented. It also ensured that Local Education Authorities had a statutory duty to provide pupils who had special educational needs with appropriate educational provision. This Act provided the basis for the Education Reform Act 1988.

The Education Reform Act 1988 is sometimes referred to as the 'Baker Act' after Kenneth Baker, who was Secretary of State for Education at the time. The Education Reform Act 1988 introduced the National Curriculum and gave more power to schools. There was a strong emphasis on inclusion rather than exclusion of children with special educational needs within the National Curriculum. The Education Reform Act believed that all children should have access to a broad and balanced curriculum, with adaptations and special arrangements made when necessary.

Further amendments have been made to the Education Act during the past few years, as set out in the White Paper 2002. Raising standards, achieving success, promoting innovation in schools and reforming the education law are all prioritised and inspected. The Education Act 2002 included the provision of requiring school governing bodies, local education authorities and further education institutions to promote

Gwnaed newidiadu cyllidol i'r ddeddfwriaeth yn y Ddeddf Addysg yn 2005 yn ymwneud â chyllidebau, grantiau ac ariannu. Diwygiodd Deddf Addysg 2006 y broses arolygu ysgolion, gan gryfhau'r fframwaith atebolrwydd ar gyfer ysgolion a symleiddiwyd y broses gwella ysgolion. Diwygiodd Deddf Addysg 2005 rym Cyrff Llywodraethol, gan ganolbwyntio'n bennaf ar drefniadaeth ac amodau gwasanaethu athrawon.

Mae'r **Ddeddf Addysg ac Arolygiadau 2006** yn Ddeddf Seneddol *"a fwriadwyd i gynrychioli cam mawr ymlaen yn nod y Llywodraeth i sicrhau bod pob plentyn ym mhob ysgol yn derbyn yr addysg angenrheidiol i'w galluogi i gyflawni eu potensial"* (Deddf Addysg ac Arolygiadau 2006). Cyflwynodd y Ddeddf ddiplomas arbenigol newydd ar gyfer myfyrwyr 14-19 oed hefyd, a diwygio'r gyfraith ar gytundebau rhieni a disgyblaeth mewn ysgolion.

Y Ddeddf Addysg 2011

Cafodd Deddf Addysg 2011 Gydsyniad Brenhinol ar 15 Tachwedd 2011. (Gweithredwyd y mwyafrif o'r adrannau o fewn y Ddeddf o Fedi 2012.) Prif amcanion y Ddeddf yw:

- Newid dulliau gweithredu disgyblaeth o fewn ysgolion a rhoi mwy o awdurdod i athrawon i ddisgyblu disgyblion a chwilio am eitemau gwaharddedig.
- Gosod cyfyngiadau ar adroddiadau

cyhoeddus o honiadau a wnaed yn erbyn athrawon. (Athrawon fydd y grŵp cyntaf o bobl i gael yr hawl i aros yn ddienw yn awtomatig ar ôl eu cyhuddo o gamymddwyn. Y rheswm am hyn yw'r honiadau ffals a wneir gan ddisgyblion yn erbyn eu hathrawon, sydd wedi cael effaith ddrwg ar eu gyrfaoedd a'u bywydau.)

- Gallu darparu addysg blynyddoedd cynnar am ddim i blant dwy oed a ystyrir i fod 'dan anfantais'.

Mae Deddf Addysg 2011 yn ymwneud â Lloegr yn bennaf, ond mae nifer o'r darpariaethau yn ymwneud â'r fframwaith Addysg yng Nghymru. Mae'r Ddeddf yn estyn y grymoedd sydd gan Gynulliad Cenedlaethol Cymru o ran cyllido addysg a hyfforddiant dan 16 oed, safonau proffesiynol athrawon yng Nghymru, cyllid myfyrwyr ac ati.

Daeth **Deddf Safonau a Threfniadaeth Ysgolion (Cymru) 2013** yn gyfraith yng Nghymru ar 4 Mawrth 2013. Mae'r Ddeddf yn cynnwys darpariaeth i ymyrryd mewn ysgolion sy'n achosi pryder, gwelliannau cymdeithasol, cynlluniau strategol Cymru mewn Addysg, trefniadaeth ysgolion, cyngor mewn ysgolion, ac ati.

Ar 1 Gorffennaf 2012 cyflwynodd y Gweinidog Addysg a Sgiliau **Fesur Seneddol Addysg (Cymru)** i geisio am

safeguarding and the welfare of children.

There were financial changes to the legislation in the Education Act in 2005, which were based around budgets, grants and funding. The Education Act 2006 amended the school inspection process, strengthened the accountability framework for schools and simplified the school improvement process. The Education Act 2005 amended the power of Governing Bodies, and dealt mainly with organization and teachers' conditions of service.

The **Education and Inspections Act 2006** is an Act of Parliament *"which is intended to represent a major step forward in the Government's aim of ensuring that all children in all schools get the education they need to enable them to fulfil their potential"* (Education and Inspections Act 2006). The Act also introduced new specialised diplomas for 14-19 year olds and revised the law on parenting contracts and discipline at school.

The Education Act 2011

The Education Act 2011 received Royal Assent on 15 November 2011. (Most sections within the Act were implemented from September 2012). The main aims of the Act are to:

- Make changes to school discipline procedures and to give teachers increased authority to discipline pupils and to search for banned items.
- Enable restrictions to be placed on the public reporting of allegations made against teachers. (Teachers will be the first group of people ever to be granted automatic anonymity when accused of misconduct. This is due to false allegations being made by pupils against their teachers, which has a distressing impact on their careers and their lives.)
- Be able to provide free early years education to two-year olds who are considered to be 'disadvantaged'.

The Education Act 2011 relates mostly to England, but many provisions also relate to the Education framework in Wales. This Act broadens the powers that the National Assembly hold on the funding of pre-16 education and training, the professional standards of teachers in Wales, student finance etc.

The **School Standards and Organization (Wales) Act 2013** became law in Wales on 4 March 2013. This Act includes provision for intervening in schools causing concern, school improvement, Welsh in Education strategic plans, school organization, school based-counselling etc.

On 1 July 2013 an **Education (Wales) Government Bill** was introduced by the Minister of Education and Skills, to seek

awdurdod mewn pum maes gwahanol, gan gynnwys:

- Asesiad ôl-16 o anghenion addysg a hyfforddiant ac Addysg Bellach arbenigol;
- System gofrestru mwy cadarn ar gyfer athrawon a'r gweithlu ehangach (addysg i gyd);
- Cytuno ar ddyddiadau tymhorau ysgol;
- Diwygio dull cofrestru a chymeradwyo ysgolion annibynnol o ran anghenion addysgol ychwanegol;
- Dileu apwyntiad Prif Arolygwr Ei Mawrhydi ac Arolygwyr Addysg a Hyfforddiant Ei Mawrhydi yng Nghymru.

Bydd y Mesur yn sicrhau gwell cydlyniad ac yn cydnabod rhan a chyfraniad y gweithlu addysgiadol cyfan at addysg pob dysgwr yng Nghymru.

FFEITHIAU ALLWEDDOL

Deddfau Addysg 1921-2011

- Ceir nifer o ddarpariaethau yn y Deddfau hyn, gan gynnwys:
  - Y Cwricwlwm Cenedlaethol;
  - Arolygiadau Ei Mawrhydi (ESTYN yng Nghymru, OFSTED yn Lloegr);
  - Cyrff llywodraethol ysgolion;
  - Darpariaeth Addysg Grefyddol.
- Mae gan bob plentyn, gan gynnwys

plant ag anableddau, yr hawl i dderbyn addysg o'u pedwerydd neu bumed penblwydd nes cyrraedd 16 oed.

- Mae'r Cwricwlwm Statudol ar gyfer ysgolion yn cynnwys:
  - Y Cwricwlwm Cenedlaethol (5-16 oed);
  - Addysg Grefyddol (5-18 oed);
  - Addysg Ryw (11-18 oed).
- Mae Deddf Addysg ac Arolygiadau 2006 yn rhoi rôl strategol newydd i awdurdodau lleol yn pledio achos rhieni a phlant, ac yn sefydlu arolygiaeth genedlaethol yn gyfrifol am addysg, sgiliau a gwasanaethau plant.

 # GWEITHGAREDDAU

1. Mewn grŵp cynlluniwch a pharatowch weithgaredd (gan gynnwys adnoddau ac ati) ar gyfer grŵp o blant 8 oed. Rhaid i chi sicrhau eich bod yn ystyried anghenion pob un o'r dysgwyr o fewn y grŵp wrth baratoi a chynllunio'r gweithgaredd yn ogystal â'r adnoddau/cyfarwyddiadau gwahaniaethol i gyd-fynd â'r gweithgaredd.

2. Cymharwch y ddarpariaeth addysg yng Nghymru gyda gwledydd Ewropeaidd eraill. Ym mha ffordd maen nhw'n wahanol? Lluniwch siart sy'n dangos yn glir manteision ac anfanteision y systemau gwahanol.

authorisation in five different areas, including:

- Post 16 assessment of educational and training needs and specialist Further Education;
- A more robust registration system for teachers and the wider (whole education) workforce;
- Harmonisation of school term dates;
- Reforming the registration and approval of independent schools in respect of special educational needs;
- The removal of the appointment of HM Chief Inspector and HM Inspectors of Education and training in Wales.

The Bill will enable a better coherence and will recognise the involvement and contribution of the whole education workforce to the education of all learners in Wales.

KEY FACTS

Education Acts 1921-2011

- There are several provisions within these Acts, including:
  - The National Curriculum;
  - HM inspections (ESTYN in Wales, OFSTED in England);
  - School governing bodies;

- Religious Education provision.
- All children, including those with disabilities, are entitled to receive education from their fourth or fifth birthday until they are 16 years of age.
- The Statutory Curriculum for maintained schools consists of:
  - The National Curriculum (ages 5 – 16)
  - Religious Education (ages 5 – 18)
  - Sex Education (ages 11 – 18)
- The Education and Inspections Act 2006 gives local authorities a new strategic role as champion of parents and children, and sets up the national inspectorate covering education, skills and children's services.

TAKE ACTION

1. As a group, plan and prepare an activity (including resources etc.) for a group of 8-year old children. You must ensure that you consider the needs of all the learners within the group when preparing and planning the activity and the differentiating resources/instructions to accompany the activity.

2. Compare education provision in Wales with that of other European countries. How do they differ? Create a chart that clearly indicates the advantages and disadvantages of different systems.

Deddf Anghenion Addysgol Arbennig ac Anabledd 2001

Cyflwyniad

Daeth y Ddeddf Anghenion Addysgol Arbennig ac Anabledd (SENDA) i rym yn 2001. O ganlyniad, mae gwahaniaethu yn erbyn myfyrwyr anabl wrth ddarparu addysg, hyfforddiant a gwasanaethau perthnasol eraill yn anghyfreithlon.

Defnyddia'r ddeddfwriaeth ddiffiniad y Ddeddf Wahaniaethu ar Sail Anabledd o berson 'anabl': *'Rhywun â diffyg meddyliol neu gorfforol sy'n cael effaith ar ei allu i wneud gweithgareddau pob dydd, arferol. Rhaid i'r effaith hwnnw fod yn: sylweddol (hynny yw, yn fwy na di-nod a dibwys); amrywiol; a hirdymor (hynny yw, wedi parhau neu'n debygol o barhau am o leia deuddeng mis neu am weddill bywyd y person dan sylw).'*

Diffinnir gwahaniaethau nid yn unig fel trin rhywun yn llai ffafriol na rhywun arall am reswm sy'n ymwneud â'i anabledd, heb gyfiawnhad, ond hefyd methu ag addasu mewn ffordd resymol.

Mae'r ddeddfwriaeth yma'n rhoi'r hawl i blant, pobl ifainc, myfyrwyr a myfyrwyr mewn oed gydag Anghenion Addysgol Arbennig, beidio â dioddef unrhyw wahaniaethu gan ddarparwr addysg.

Mae dwy ran i'r Ddeddf:
- **Adran 1** - cryfhau hawliau plant a'u rhieni i gael mwy o fynediad i addysg prif ffrwd;

- **Adran 2** - atgyfnerthu hawliau plant anabl ym myd addysg, a pheri ei bod yn anghyfreithlon i drin person anabl yn llai ffafriol am resymau sy'n ymwneud â'u hanabledd.

Daeth yr hawliau newydd i rym yn 2002 a bu dau ddiwygiad arall ers hynny – darpariaeth cymhorthion a gwasanaethau ategol yn 2003; a newidiadau i nodweddion ffisegol yn 2005.

Cod Ymarfer Anghenion Addysgol Arbennig (AAA) 2001 ar gyfer Cymru

Daeth y Cod Ymarfer AAA i rym ar 1 Ebrill 2002. Cyflwynwyd y Cod Ymarfer i roi arweiniad clir i leoliadau blynyddoedd cynnar, ysgolion, Awdurdodau Addysg Lleol ac ati ynglŷn â sut i ddelio â gwahanol anghenion addysgol arbennig o fewn eu lleoliadau. Mae'r Cod Ymarfer AAA yn eu cefnogi er mwyn iddynt allu adnabod, asesu a darparu ar gyfer anghenion addysgol plant a'u galluogi i gyflawni eu dyletswyddau statudol o fewn eu lleoliadau.

Yn ôl y cod hwn, mae gan leoliadau ddyletswydd i roi gwybod i rieni eu bod yn gwneud cais am ddarpariaeth addysgol arbennig i'w plentyn. Yn ogystal, mae gan

Special Educational Needs and Disability Act (SENDA) 2001

Introduction

The Special Educational Needs and Disability Act became law in 2001. As a result, discrimination against disabled students in the provision of education, training and other related services, became unlawful.

SENDA takes its definition of disability from the DDA: *'A disabled person is someone who has a physical or mental impairment, which has an effect on his or her ability to carry out normal day-to-day activities. That effect must be: substantial (that is, more than minor or trivial); diverse; and long-term (that is, has lasted or is likely to last for at least 12 months or for the rest of the life of the person affected).'*

Discrimination is defined not only as treating a person less favourably than someone else for a reason related to his/her disability, without justification, but also as failing to make a reasonable adjustment.

This Act introduces the right for children, young people, students and adult learners with Special Educational Needs, not to be discriminated against by any educational provider.

The Act is divided into two sections:
- **Section 1** – strengthening the rights of children and their parents to increased accessibility into mainstream education;

- **Section 2** – reinforcing the rights of disabled children in education and making it unlawful to treat a disabled person less favourably for reasons relating to their disability.

The new rights came into force in 2002 and two further amendments have been added since then – the provision of auxiliary aids and services in 2003; and alterations to physical features in 2005.

The Special Educational Needs (SEN) Code of Practice for Wales 2001

This SEN Code of Practice for Wales became effective on 1 April 2002. The Code of Practice was introduced to give early years' settings, schools, Local Education Authorities etc. clear guidance and practical advice on how to deal with various special educational needs within their settings. The SEN Code of Practice also supports them in order to be able to identify, assess and make provision for children's educational needs and enable them to carry out their statutory duties within their settings.

y lleoliad yr hawl i ofyn am asesiad statudol o'r plentyn.

Mae'r Cod Ymarfer diwygiedig yn darparu fframwaith glir ar gyfer datblygu partneriaethau cryf rhwng rhieni, ysgolion, awdurdodau (addysg) lleol (ALI) a gwasanaethau iechyd a chymdeithasol. Y flaenoriaeth yw sicrhau bod AAA yn cael eu hadnabod cyn gynted â phosib; darparu cysondeb wrth geisio ateb gofynion pob plentyn; a sicrhau bod y plentyn ei hun yn cyfrannu at bob un o'r penderfyniadau sy'n cael eu gwneud am ei addysg.

Tribiwnlys Cymru ar Anghenion Addysgol Arbennig 2003

Er mis Ebrill 2002, mae gan Gymru ei Chod Ymarfer Anghenion Addysgol Arbennig ei hun, ac ym mis Ebrill 2003 sefydlodd Cymru 'Dribiwnlys Anghenion Addysgol Arbenig (Cymru)', sydd yn gorff statudol a sefydlwyd dan Ddeddf Addysg 2002.

Mae'r Cod yn rhoi arweiniad ar ddarparu ar gyfer ac asesu anghenion addysgol arbennig. Os nad yw ysgol, ar unrhyw adeg, yn cydymffurfio â'r rhain, gall rhieni apelio i'r Tribiwnlys.

Mae'r Tribiwnlys yn gyfrifol am wrando ar apeliadau anghenion addysgol arbennig a

wnaed yn erbyn Awdurdodau Lleol Cymru, ac felly mae'n annibynnol ar Lywodraeth Cymru a Llywodraeth Leol.

FFEITHIAU ALLWEDDOL

Deddf Anghenion Addysgol Arbennig ac Anabledd 2001

- Yn ôl y Ddeddf Anghenion Addysgol Arbennig ac Anabledd mae gan awdurdodau addysg lleol ac ysgolion ddyletswydd i wella mynediad ar gyfer disgyblion anabl.

- Sefydlodd y Ddeddf hon hawliau cyfreithiol i blant anabl mewn addysg cyn ac ar ôl 16 oed.

- Os ydy disgybl anabl dan anfantais sylweddol, mae gofyn bod cyrff perthnasol yn cymryd camau rhesymol i atal yr anfantais honno, er enghraifft drwy

  - Wneud newidiadau i amgylchedd ffisegol yr adeilad;

  - Gwneud newidiadau i ofynion y cwrs neu ddewis dull arall o gyflwynwo'r cwrs;

Under this Code of Practice, settings have a duty to inform parents that they are making a request for special educational provision for their child. The setting also has a right to request a statutory assessment of the child.

The revised Code of Practice provides a clear framework for developing strong partnerships between parents, schools, local (education) authorities (LA's) and health and social services. The main focus is to ensure that SEN are identified as quickly as possible; to provide a constant approach to meet each child's needs; and also to make sure that the child is involved in all of his/her educational decisions.

Special Educational Needs Tribunal for Wales 2003

Since April 2002 Wales has had its own Special Educational Needs Code of Practice, and since April 2003 Wales has established a 'Special Educational Needs Tribunal'/'Tribiwnlys Anghenion Addysgol Arbennig (Cymru)', which is a statutory body established under the Education Act 2002.

The Code gives guidance on the provision for and the assessment of special educational needs. If at any time a school or LEA does not conform to these, parents may appeal to the tribunal.

The Tribunal is responsible for hearing special educational needs appeals made against Welsh Local Authorities, hence independent of both Welsh Government and Local Government.

KEY FACTS

Special Educational Needs and Disability Act (SENDA) 2001

- The Special Educational Needs and Disability Act makes it the duty of Local Education Authorities and schools to increase accessibility for disabled pupils.

- This Act established legal rights for disabled pupils in pre- and post-16 education.

- If a disabled pupil is at a substantial disadvantage, relevant bodies are required to take reasonable steps to prevent that disadvantage by, for example,

  - Making changes to the physical environment of a building;

  - Making changes to course requirements or choosing an alternative way of delivering a course;

- Gwneud newidiadau i bolisïau, gweithdrefnau ac ymarfer, lle bydd angen cyfieithwyr, adnoddau ychwanegol ac offer arbenigol.

- Mae'n anghyfreithlon i sefydliadau neu ddarparwyr addysg eraill drin person anabl mewn modd sy'n 'llai ffafriol' na'r driniaeth a roddir i berson nad yw'n anabl, am resymau sy'n ymwneud ag anabledd y person hwnnw. Er enghraifft, byddai'n anghyfreithlon gwrthod lle i berson anabl ar gwrs, neu roi marc is iddynt mewn asesiad, oherwydd bod ganddynt ddyslecsia neu eu bod yn fyddar.

- Mae'n anghyfreithlon gwahaniaethu yn erbyn myfyrwyr ag anabledd. Cyrff llywodraethol y sefydliad sydd â'r cyfrifoldeb cyfreithiol am fethu ag ufuddhau i'r Ddeddf a gallai unigolion gael eu herlyn.

GWEITHGAREDDAU

Senario ar gyfer trafodaeth grŵp

Mae Osian yn chewch oed ac mae'n mynychu Ysgol Gynradd Trawslan. Mae'n gwneud yn dda yn yr ysgol ar y cyfan, ond mae ei rieni o'r farn bod ei waith ysgrifennu, ei sillafu a'i iaith yn wan. Mae'r ysgol wedi cytuno y dylai seicolegydd addysgol gwrdd ag Osin a'i rieni i asesu ei anghenion ieithyddol. Mae athro dosbarth Osian yn amau y gallai fod â dyslecsia.

1. Pa gymorth ychwanegol fydd ei angen ar Osian os darganfyddir bod ganddo ddyslecsia?

2. Awgrymwch sut y gall yr athro dosbarth sicrhau bod Osian yn cael ei integreiddio'n gyfan gwbl ac yn cael ei gynnwys ym mhob gweithgaredd.

3. Sut y gall rhieni Osian gefnogi ei waith darllen, ysgrifennu a sillafu adref?

- Making changes to policies, procedures and practices, where the provision of interpreters, additional resources and equipment may be required.

- It is unlawful for institutions or other education providers to treat a disabled person 'less favourably' than they would treat non-disabled people, for a reason which relates to the person's disability. For example, it would be unlawful for an institution to turn a disabled person away from a course, or mark them down in an assessment, because they had dyslexia or were deaf.

- It is unlawful to discriminate against pupils/students with a disability. Governing bodies of institutions can be held legally liable for any failures to abide by the Act and individuals could also face litigation.

 TAKE ACTION

Scenario for group discussion

Osian is six years old and attends Trawslan Primary School. He is making good progress on the whole at school, but his parents feel that his writing, spelling and language work is weak. The school has agreed that an educational psychologist will meet Osian and his parents to assess his language needs. The class teacher suspects that Osian is showing signs of dyslexia.

1. What additional support will Osian need if he is diagnosed as being dyslexic?

2. Suggests ways that the class teacher could ensure complete integration and inclusion for Osian in all activities.

3. How could Osian's parents support his reading, writing and spelling at home?

Deddf Iechyd Meddwl 1983

Cyflwyniad

Mae Deddf Iechyd Meddwl 1983 yn ddeddf a basiwyd gan senedd y Deyrnas Unedig ond yn berthnasol i bobl Cymru a Lloegr yn unig. Adolygir a rheolir y Ddeddf gan awdurdod iechyd arbennig o'r enw Comisiwn y Ddeddf Iechyd Meddwl (MHAC).

Mae'r ddeddf yn cynnwys derbyn, gofalu am a thrin pobl ag anhwylder meddwl, rheoli eu heiddo a materion perthnasol eraill. Mae 10 rhan i'r ddeddfwriaeth, pob un wedi'i rhannu'n gyfanswm o 149 o adrannau. Yn benodol mae'r ddeddfwriaeth yn caniatáu i bobl sy'n dioddef o anhwylder meddwl gael eu gorfodi i aros yn yr ysbyty a chael eu hasesu a'u trin yn groes i'w dymuniad, yr hyn a elwir yn answyddogol yn 'neilltuo'.

Cytuna'r mwyafryf o seiciatryddion bod 'afiechyd meddwl' yn cynnwys sgitsoffrenia, anorecsia nerfosa, iselder sylweddol, anhwylder deubegynol ac anhwylderau eraill tebyg; mae 'nam meddyliol (difrifol)' yn cynnwys arafwch meddwl (anabledd dysgu); ac mae 'anhwylder seicopathig' yn cynnwys anhwylderau personoliaeth.

Ychydig iawn o eithriadau sydd i'r diffiniadau hyn o anhwylder meddwl, ond mae'r Ddeddf yn nodi na all rhywun fod yn dioddef o anhwylder 'o ganlyniad i'w anlladrwydd neu ymddygiad anfoesol arall, gogwydd rhywiol neu ddibyniaeth ar alcohol neu gyffuriau' yn unig.

Mae Deddf Iechyd Meddwl 1983 yn ymwneud yn unig â chleifion a dderbynnir i'r ysbytu a'u cadw yno'n orfodol (heb eu caniatâd). Gelwir y broses hon yn 'neilltuo'. Prif nod y ddeddfwriaeth hon yw sicrhau bod pobl â salwch meddwl difrifol yn cael eu trin hyd yn oed heb eu caniatâd.

Fel rheol, cyfeirir y cleifion hyn drwy bedwar dull posibl:

- **Hunangyfeirio** – pan fydd y claf yn cyfeirio ei hun;
- **Cyfeirio drwy drydydd person** – pan gyfeirir person gan ei berthynas agosaf;
- **Cyfeirio proffesiynol** – pan gyfeirir claf gan weithiwr proffesiynol, e.e. meddyg, gweithiwr cymdeithasol;
- **Cyfeirio gorfodol** – pan gyfeirir claf gan weithiwr proffesiynol, e.e. meddyg, gweithiwr cymdeithasol, am nad ydynt yn gallu gwneud penderfyniad drostynt eu hunain oherwydd eu hiechyd meddwl.

Mae'r broses dderbyn yn dechrau gyda neilltuo, wedi'i ddilyn gan driniaeth. Wedyn, mae'r claf yn cael ei ryddhau. Ar ôl gadael yr ysbyty, bydd yn derbyn ôl-ofal

Mental Health Act 1983

Introduction

The Mental Health Act 1983 is an Act of the UK Parliament, but applies only to people in England and Wales. Its use is reviewed and regulated by a special health authority known as the Mental Health Act Commission (MHAC).

The Act covers the reception, care and treatment of mentally disordered people, the management of their property and other related matters. It is divided into 10 parts, each of which is divided into sections numbering 149 in total. In particular, it provides the legislation by which people suffering from a mental disorder can be detained in hospital and have their disorder assessed or treated against their wishes, unofficially known as 'sectioning'.

The term 'mental illness' is thought by most psychiatrists to cover schizophrenia, anorexia nervosa, major depression, bipolar disorder and other similar illnesses; '(severe) mental impairment' covers mental retardation (learning disability); and 'psychopathic disorder' covers personality disorders.

There are very few exceptions to these definitions of mental disorder, but the Act does state that someone cannot be suffering from a mental disorder 'by reason only of promiscuity or other immoral conduct, sexual deviancy or dependence on alcohol or drugs'.

The Mental Health Act 1983 only affects patients who are admitted to hospitals and are compulsorily detained there (without their consent). This process is known as 'sectioning'. The main aim of this legislation is to ensure that people with serious mental illnesses can be treated irrespective of their consent.

These patients are usually referred by four possible methods:

- **Self-referral** – when the patient refers himself/herself;
- **Third party referral** – when the patient is referred by their closest relative;
- **Professional referral** – when the patient is referred by a professional, e.g. doctor, social worker;
- **Compulsory referral** – when the patient is referred by a professional, e.g. doctor, social worker, because they are identified as being unable to make a decision for themselves due to their mental health.

The process of admission starts with sectioning, followed by treatment. The patient is then discharged. After leaving the hospital they are given aftercare and supervision. Throughout these processes

ac yn cael ei oruchwylio. Drwy gydol y prosesau hyn, dylid rhoi gwybodaeth i'r claf am bob penderfyniad a wneir ynglŷn â'i ofal. Os nad yw'r claf yn fodlon ag un o'r penderfyniadau hynny, gall apelio yn ei erbyn. Mae'r Ddeddf yn ymwneud â gofal a thriniaeth cleifion yn ogystal â materion perthnasol eraill.

Mae diwygiadau i'r Ddeddf Gallu Meddyliol 2005 yn cynnwys cyflwyno Amddiffyniadau Amddifadu rhag Rhyddid y Ddeddf Gallu Meddyliol. Cynlluniwyd yr amddiffyniadau hyn i, e.e. ddiogelu buddion defnyddwyr y gwasanaeth (yn enwedig y rhai mwyaf bregus), sicrhau bod pawb sy'n defnyddio'r gwasanaeth yn derbyn y gofal sydd ei angen, yn cael yr hawl i herio ac, os yn bosib, yn cael cyfle i wneud penderfyniad.

Mae nifer o newidiadau sylweddol i Ddeddf Iechyd Meddwl 2007 hefyd, gan gynnwys y meini prawf ar gyfer cadw rhywun, diffinio anhwylder meddwl, swyddogaethau proffesiynol, gwasanaethau sy'n addas i'r oedran, Triniaeth dan Oruchwyliaeth yn y Gymuned ac ati.

Ar 19 Gorffennaf 2007, rhoddwyd Gydsyniad Brenhinol i **Ddeddf Iechyd Meddwl 2007**. Diwygiodd y Ddeddf hon **Ddeddf Iechyd Meddwl 1983, Deddf Trais, Troseddau a Dioddefwyr yn y Cartref 2004 a Deddf Gallu Meddyliol 2005**.

FFEITHIAU ALLWEDDOL

Deddf Iechyd Meddwl 1983

- Diwygiwyd Deddf Iechyd Meddwl 1983 yn 1994 a bu'n weithredol er 1995.

- Pan fydd angen trin neu warchod pobl sy'n dioddef o afiechyd meddwl, bydd y Ddeddf yn darparu'r gwasanaeth hwn.

- Dyma ddiffiniad afiechyd meddwl yn ôl Deddf Iechyd Meddwl 1993: 'unrhyw afiechyd neu anhwylder neu anabledd meddwl'.

Cafodd Deddf Iechyd Meddwl 2007 Gydsyniad Brenhinol ar 19 Gorffennaf 2007. Mae strwythur deddf Iechyd Meddwl 1983 yn aros yr un peth, ond gwnaed diwygiadau arwyddocaol i ddeddfwriaeth 2007, gan gynnwys:

- Cyflwyno diffiniad symlach o anhwylder meddwl;

- Dileu'r pedwar dosbarth ar wahân cyfredol o anhwylder meddwl;

- Cyflwyno cynllun eiriolaeth iechyd meddwl newydd annibynnol (ar gyfer cleifion cymwys);

the patient should be informed of all decisions made about their care. If the patient is unhappy with any of the decisions he or she may appeal against them. The Act covers the care and treatment of patients as well as other related matters.

The amendments to the Mental Capacity Act 2005 include the introduction of the Mental Capacity Act Deprivation of Liberty Safeguards. These safeguards are designed to, e.g. protect the interests of service users (especially the most vulnerable), to ensure that all service users are given the care they need, given the right to challenge, and when possible, given the opportunity to make a decision.

There are also many significant changes to the 2007 Mental Health Act, which include the criteria for detention, definition of mental disorder, professional roles, age-appropriate services, Supervised Community Treatment etc.

On 19 July 2007, the **Mental Health Act 2007** was given Royal Assent. This Act amends the **Mental Health Act 1983**, the **Domestic Violence**, **Crime and Victims Act 2004** and the **Mental Capacity Act 2005**.

KEY FACTS

Mental Health Act 1983

- The Mental Health Act 1983 was amended in 1994 and has been fully in practice since 1995.

- When people with mental illness are in need of treatment or protection, this Act ensures they are provided with this service.

- The definition of mental illness, according to the Mental Health Act 1993, is: 'any illness or disorder or disability of the mind'.

The Mental Health Act 2007 gained Royal Assent on 19 July 2007. The structure of the Mental Health Act 1983 remains the same, but significant amendments have been made to the 2007 legislation, including:

- The introduction of a simplified definition of mental disorder;
- The abolition of the current four separate categories of mental disorder;
- The introduction of a new independent mental health advocacy scheme (for patients who qualify);

- Cyflwyno triniaeth dan oruchwyliaeth yn y gymuned, a fydd ar gael i gleifion yn dilyn cyfnod cychwynnol o driniaeth ac arhosiad yn yr ysbyty;

- Gall cleifion gyflwyno cais i ddadleoli perthynas agosaf – gallant gael eu dadleoli ar y sail eu bod yn anaddas;

- Anghenion newydd am lety ar gyfer plant sy'n addas i'w hoedran, ac ati.

GWEITHGAREDDAU

Trafodwch

a) Sut y gall rhoi triniaeth orfodol i bobl ag afiechyd meddwl a phobl ag anhawster dysgu godi cwestiynau moesol;

b) Yn eich tyb chi, a ydy dwyn rhyddid rhywun yn troseddu yn erbyn eu hawliau dynol;

c) A all unigolion sy'n defnyddio'r gwasanaeth apelio yn erbyn eu neilltuo a'u triniaeth dan ddarpariaeth y Ddeddf Iechyd Meddwl.

- The introduction of supervised community treatment, which will be available for patients following an initial period of treatment and detention in hospital;
- Patients can apply to displace nearest relative - they can now be displaced on the grounds of unsuitability;
- New requirements of age-appropriate accommodation for children, etc.

TAKE ACTION

Discuss

a) How compulsory treatment of people with a mental illness and people with a learning difficulty can raise ethical issues.

b) Whether you consider that depriving people of their liberty is an infringement of their human rights.

c) Whether service users can appeal against their detention and their treatment under the provision of the Mental Health Act.

Deddf Gofalwyr (Cyfleoedd Cyfartal) 2004
Deddf Gofalwyr a Phlant Anabl 2000
Deddf Gofalwyr (Cydnabyddiaeth a Gwasanaethau) 1995

Cyflwyniad

Estynnwyd hawliau cyfreithiol gofalwyr yng Nghymru drwy dri darn o ddeddfwriaeth, sef:

- **Deddf Gofalwyr (Cyfleoedd Cyfartal) 2004;**
- **Deddf Gofalwyr a Phlant Anabl 2000** – rhoddwyd hawliau i bobl 16 ac 17 oed;
- **Deddf Gofalwyr (Cydnabyddiaeth a Gwasanaeth) 1995** – yn rhoi'r hawl i ofalwyr gael asesiad o'u hanghenion.

Cyflwynwyd Deddf Gofalwyr (Cyfleoedd Cyfartal) 2004 i ddangos bod y llywodraeth yn cydnabod y cyfraniad mae gofalwyr yn ei wneud i gymdeithas. Mae tua 6.4 miliwn o bobl yn y DU yn gofalu am berthynas, ffrind neu gymydog yn ddi-dâl. Mae gan nifer o'r gofalwyr hyn swydd arall sydd yn talu cyflog ac mae rhai ohonynt yn gofalu am fwy nag un person.

Daeth y Ddeddf Gofalwyr (Cyfleoedd Cyfartal) 2004 i rym yng Nghymru ym mis Ebrill 2005. Mae'n diwygio Deddf 1995 a Deddf 2000 fel ei gilydd. Mae'n rhoi mwy o ddewis i ofalwyr a chyfleoedd i fyw bywydau llawnach:

- Mae'r Ddeddf yn mynnu mai cyfrifoldeb yr awdurdod lleol yw rhoi gwybod i'r gofalwyr bod hawl ganddynt i gael Asesiad Gofalwyr (sydd hefyd yn ystyried eu diddordebau allanol – gwaith, astudio, hamdden, ac ati);
- Mae'n sicrhau bod anghenion y gofalwr am addysg, hyfforddiant, gwaith a hamdden yn cael eu hystyried pan fydd y gofalwr yn cael ei asesu, a bod cyrff cyhoeddus yn cydnabod ac yn cefnogi gofalwyr;
- Pan fydd Asesiad Gofalwr yn cael ei gwblhau, rhaid ystyried a yw'r gofalwr yn gweithio neu eisiau gweithio. Yn ystod yr asesiad, dylid hefyd ystyried unrhyw gyrsiau y mae'r gofalwr yn eu dilyn neu am eu dilyn;
- Rhydd y ddeddfwriaeth rym newydd i'r awdurdod lleol i fynnu help oddi wrth y gwasanaethau tai, iechyd, addysg a gwasanaethau lleol eraill er mwyn rhoi cefnogaeth i ofalwyr.

Mae'r ddeddf yn gymwys yn Lloegr ac yng Nghymru ar gyfer:

- Gofalwyr sy'n darparu neu'n bwriadu darparu gofal sylweddol yn rheolaidd er budd unigolyn arall dros 18 oed;
- Pobl sydd â chyfrifoldeb rhieni am blentyn anabl, ac sy'n darparu neu'n bwriadu darparu gofal sylweddol yn rheolaidd er budd y plentyn hwnnw.

Carers (Equal Opportunities) Act 2004
Carers and Disabled Children Act 2000
Carers (Recognition and Services) Act 1995

Introduction

The current legal rights of carers in Wales have been extended through three pieces of legislation, namely:

- **The Carers (Equal Opportunities) Act 2004;**
- **The Carers and Disabled Children Act 2000** – rights given to 16 and 17 year olds;
- **The Carers (Recognition and Services) Act 1995** – giving carers a right to an assessment of their own needs.

The Carers (Equal Opportunities) Act 2004 was introduced to signify government recognition of the contribution that carers make to society. Around 6.4 million people in the UK provide care for a relative, friend or neighbour on an unpaid basis. Many of these carers will have to juggle this responsibility with their paid work and may even care for more than one person.

The Carers (Equal Opportunities) Act 2004 was implemented in Wales in April 2005. It amends both the 1995 Act and the 2000 Act. It gives carers a wider choice and opportunities to lead more fulfilling lives:

- The Act places a duty on local authorities to inform carers of their entitlement to a Carers Assessment (which also takes account of their outside interests – work, study, leisure etc.);
- It ensures that the carer's needs for education, training, employment and leisure are taken into consideration when a carer is assessed and that public bodies recognise and support carers;
- When a Carer's Assessment is being completed it must take into account whether the carer works or wishes to work. During the assessment any courses the carer is taking or wishes to take should also be considered;
- The Act gives local authorities new powers to enlist the help of housing, health, education and other local services in providing support to carers.

The Act applies in England and Wales to:
- Carers who provide or intend to provide a substantial amount of care on a regular basis for another individual aged over 18;
- People with parental responsibility for a disabled child, who provide or intend to provide a substantial amount of care on a regular basis for that child.

Mae awdurdodau lleol yn wynebu sawl her wahanol wrth weithredu'r Ddeddf, yn ddibynnol ar gymhlethdod rhwydweithiau statudol neu anstatudol lleol, proffil demograffig y boblogaeth leol ac ystyriaethau daearyddol. Mae'n hanfodol cynllunio ar lefel leol, er mwyn sicrhau bod y ffactorau hyn yn cael eu hystyried a bod anghenion lleol yn cael eu hateb yn iawn.

Daeth Deddf Gofalwyr a Phlant Anabl 2000 i rym yn 2001 a'i nod yw cynorthwyo pobl ifanc anabl i fod mor annibynnol â phosibl yn ariannol. Mae'r Ddeddf hefyd yn rhoi i ofalwyr yr hawl i ofyn am asesiad o'r person anabl. Y Gwasanaethau Cymdeithasol sy'n delio â'r materion hyn.

Deddf Gofalwyr (Cydnabyddiaeth a Gwasanaethau) 1995 yw'r darn cyntaf o ddeddfwriaeth i gydnabod rôl y gofalwr answyddogol ac mae'n argymell asesu gallu gofalwyr i ddarparu gofal addas a digonol.

Yn ôl y Strategaeth Genedlaethol i Ofalwyr ac yn unol â Deddf Gofalwyr (Cydnabyddiaeth a Gwasanaethau) 1995:
"Gall gofalwyr ifanc ofyn am asesiad o'u hanghenion, ond yn aml nid ydynt yn sylweddoli bod hyn yn bosibl. Gyda chymorth y sector gwirfoddol, dylai'r gwasanaethau statudol sicrhau nad oes disgwyl i ofalwyr ifanc fod â gormod o gyfrifoldeb gofalu. Er mwyn sicrhau hyn, mae angen cefnogaeth ar rieni anabl neu

sâl i barhau i fod yn annibynnol a chyflawni eu dyletswyddau fel rhieni. Rhaid i wasanaethau ystyried anghenion pob aelod o'r teulu gan gynnwys plant â chyfrifoldebau gofalu. Weithiau mae'n anodd cadw cydbwysedd rhwng hawliau'r plentyn i gael cefnogaeth i leihau'r baich gofalu ac amharodrwydd rhai teuluoedd i dderbyn unrhyw ymyrraeth neu gefnogaeth oddi wrth y gwasanaethau cymdeithasol."

Gwybodaeth a chanllawiau am Strategaeth Gofalwyr Cenedlaethol 2008
http://professionals.carers.org/young-carers/articles/government-guidance-england-and-wales,3060,PR.html

Mae'r canllawiau ymarfer a gyhoeddwyd yn Neddf Gofalwyr (Cydnabyddiaeth a Gwasanaeth) 1995 ar gyfer asesiadau yn nodi:
"Dylid ystyried anghenion a chryfderau'r teulu cyfan wrth wneud asesiad a darparu gwasanaethau i gefnogi'r gofalwr ifanc."

Nid yw'r Ddeddf Gofalwyr (Cydnabyddiaeth a Gwasanaeth) 1995 yn caniatáu i awdurdodau lleol gynnig gwasanaethau uniongyrchol i ofalwyr i'w helpu, ond mae'r **Ddeddf Gofalwyr a Phlant Anabl 2000** (Cymru yn unig) yn rhoi i'r awdurdodau y grym i ddarparu gwasanaethau i ofalwyr o ganlyniad i asesiad o'u hanghenion.

Local authorities face different challenges in implementing the Act, depending on the complexity of local statutory and non-statutory networks, the demographic profile of the local population and geographical considerations. Planning on a local level is essential, to ensure that such factors are taken into consideration and local needs are properly met.

Carers and Disabled Children Act 2000

This Act came into force in 2001 and its aim is to aid disabled young people to be as financially independent as possible. The Act also gives carers the right to request an assessment of the disabled person. These matters are dealt with by Social Services.

The **Carers (Recognition & Services) Act 1995** is the first piece of legislation to recognise the role of the informal carer and it provides for the assessment of the ability of carers to provide appropriate, adequate and sufficient care.

The National Strategy for Carers states that under the Carers (Recognition and Services) Act 1995:

"Young carers can ask for an assessment of their needs, but many are not aware that this is possible. With the help of the voluntary sector, the statutory services should ensure that young carers are not expected to carry inappropriate levels of caring responsibility. To achieve

this, disabled or ill parents need support to maintain their independence and to carry out their parenting responsibilities. Services must consider the needs of all family members including children with caring responsibilities. Sometimes there is a delicate balance to be struck between the rights of a child to have support to reduce the caring burden and the reluctance of some families to accept intervention or support from social services."

Information and guidance about the 2008 National Carers Strategy
http://professionals.carers.org/young-carers/articles/government-guidance-england-and-wales,3060,PR.html

The practice guidance issued under the 1995 Carers' (Recognition and Services) Act for the assessment states that:
"The needs and strengths of the whole family should be considered when making an assessment and providing services to support the young carer."

The Carers (Recognition and Services) Act 1995 does not allow local authorities to offer direct services to carers in order to help them in their role, but the **Carers and Disabled Children Act 2000** (applies to Wales) gives the authorities the powers to provide services to carers as a result of an assessment of their needs.

FFEITHIAU ALLWEDDOL

Deddf Gofalwyr (Cyfleoedd Cyfartal) 2004
Deddf Gofalwyr a Phlant Anabl 2000
Deddf Gofalwyr (Cydnabyddiaeth a Gwasanaethau) 1995

Yn 1998 lansiodd y Llywodraeth Lafur **'Gofalu am y Gofalwyr'**, a oedd yn sail i'r Strategaeth Gofalwyr Genedlaethol. Roedd tair elfen i'r strategaeth: gwybodaeth, gofal a chefnogaeth.

Yn ddiweddar cyhoeddodd Llywodraeth Cymru **'Strategaeth ar gyfer Gofalwyr yng Nghymru 2013'**, sy'n amlinellu'r camau gweithredu allweddol y bydd yn eu cymryd er mwyn cefnogi gofalwyr hyd at 2016. Mae pum prif faes sy'n flaenoriaeth o fewn y strategaeth, gan gynnwys:

a) Iechyd a gofal cymdeithasol;
b) Deall pwy yw'r gofalwyr, gwybodaeth ac ymgynghori;
c) Gofalwyr ifanc a gofalwyr sy'n oedolion ifanc;
ch) Cymorth a bywyd sydd y tu hwnt i ofalu;
d) Gofalwyr a chyflogaeth.

Mae'r strategaeth yn cynnwys 18 o gamau gweithredu allweddol.

Yn ôl ffigurau cyfrifiad diweddar bu cynnydd sylweddol o bron i 40% yn nifer y bobl hŷn yng Nghymru sy'n gofalu am bartneriaid neu rieni sy'n sâl. Mae bron i 90,000 o bobl sydd yn 65 oed neu'n hŷn yn treulio blynyddoedd eu hymddeoliad yn gofalu naill am am riant musgrell, a all fod yn eu 80au neu 90au, neu am eu partneriaid sâl.

GWEITHGAREDDAU

Senario ar gyfer trafodaeth grŵp

Mae Eluned wedi bod yn gofalu am ei mam oedrannus, Magi, yn ei chartref ei hun dros y ddwy flynedd a hanner ddiwethaf. Mae Eluned yn 72 oed a'i mam yn 94. Mae Eluned yn annibynnol iawn ac wedi gofalu am ei mam heb unrhyw help na chefnogaeth tan nawr. Fodd bynnag, dros y ddwy flynedd ddiwethaf mae Magi wedi dechrau drysu ac, wrth i ddementia ddechrau cydio, mae Eluned yn ei chael hi'n anodd ymdopi, gan fod angen gofal a sylw cyson ar ei mam.

Carers (Equal Opportunities)
Act 2004
Carers and Disabled Children
Act 2000
Carers (Recognition &
Services) Act 1995

In 1998 the Labour government launched **'Caring about Carers'**, which formed the basis of the National Carers Strategy. The strategy had three elements: information, care and support.

The Welsh Government have recently published **'The Carers Strategy for Wales 2013'**, which outlines the key actions that will be undertaken in order to support carers up until 2016. There are 5 priority areas within the strategy, which include:

a) Health and social care;
b) Identification, information and consultation;
c) Young carers and young adult carers;
d) Support and a life outside of the caring role;
e) Carers and employment.

There are 18 key actions within the strategy.

According to recent census figures there is a substantial increase of almost 40% in the number of older people in Wales who are caring for sick partners or parents. Almost 90,000 people of 65 years or older are devoting their retirement years to caring for either their frail parents, who may be in their 80s or 90s or their sick partners.

TAKE ACTION

Scenario for group discussion

Eluned has been looking after her elderly mother Magi, in her own home for the past two and a half years. Eluned is 72 years of age and her mother is 94. Eluned is very independent and has cared for her mother without any help or support until now. However, over the last two years Magi has become confused and now, with the onset of dementia, Eluned is finding it very difficult to cope, as her mother needs constant care and attention.

Yn ddiweddar mae Magi wedi dechrau gwlychu a baeddu ei hun, ni all symud o gwmpas llawer ac ni all ddod i ben â thasgau dydd-i-ddydd heb help Eluned.

Mae Eluned yn dechrau poeni, nid yn unig am iechyd ei mam, ond hefyd am ei hiechyd ei hun, ac mae gofalu am ei mam yn dechrau mynd yn faich. Cyfaddefodd Eluned o'r diwedd nad yw hi'n gallu ymdopi ar ei phen ei hun.

1. Penderfynwch beth yw anghenion gofal Magi.

2. Penderfynwch beth yw anghenion gofal Eluned.

3. Pa wasanaethau fyddai ar gael i Magi ac Eluned? Beth allai'r gwasanaethau hyn ei gynnig i Magi ac i Eluned fel ei gilydd i roi cefnogaeth a lleihau baich gwaith Eluned?

Magi has recently become incontinent, has limited mobility and cannot manage day-to-day tasks without Eluned's help.

Eluned has started to become concerned, not only about her mother's health, but also about her own, as she is starting to find looking after her mother quite a chore. Eluned has finally admitted that she isn't able to do this on her own.

1. Identify Magi's care needs.

2. Identify Eluned's care needs.

3. What services would be available to both Magi and Eluned? What could these services offer to both Magi and Eluned in order to provide support and lessen Eluned's workload?

Deddf y GIG a Gofal Cymunedol 1990

Cyflwyniad

Un o'r newidiadau mwyaf yn y blynyddoedd diwethaf ym maes iechyd a gofal cymdeithasol oedd pasio Deddf y GIG a Gofal Cymunedol yn 1990 a'i gweithredu'n ffurfiol.

Cyn 1990, gwasanaethau iechyd ac awdurdodau lleol oedd yn cynllunio'r mwyafrif o wasanaethau iechyd a chyhoeddus, yn ogystal â'u darparu'n uniongyrchol. Rhannwyd rôl yr awdurdodau iechyd a'r awdurdodau lleol gan y ddeddfwriaeth hon wrth iddi newid eu strwythur mewnol. Golygai hyn bod adrannau awdurdodau lleol ac, mewn rhai achosion, meddygon teulu, yn cymryd y cyfrifoldeb o asesu anghenion y boblogaeth leol ac wedyn yn prynu'r gwasanaethau angenrheidiol oddi wrth 'ddarparwyr'. Er mwyn bod yn 'ddarparwr' yn y farchnad fewnol, roedd yn rhaid i sefydliadau iechyd newid i fod yn ymddiriedolaethau'r GIG – sefydliadau annibynnol gyda'u timau rheoli eu hunain, yn cystadlu yn erbyn ei gilydd.

Y syniad gyda gofal cymunedol oedd, er enghraifft, bod pobl â salwch difrifol neu bobl ag angen gofal hirdymor a fyddai wedi byw mewn sefydliad a reolwyd gan y wladwriaeth o dan y gwasanaeth gofal blaenorol, bellach yn gallu byw naill ai yn eu cartrefi eu hunain, gyda gofal a chefnogaeth digonol, neu mewn lleoliad megis cartref preswyl.

Yng Nghymru yn 1996, o ganlyniad i ddogfen y cyfeiriwyd ati fel y **'Dechrau Newydd'**, cyfunwyd yr Awdurdodau Iechyd Rhanbarthol yn 5 Awdurdod Iechyd yn gyfrifol am Gymru gyfan.

Yn 1998 cyhoeddodd Ysgrifennydd Gwladol Cymru ddogfen o'r enw **'Rhoi Cleifion yn Gyntaf'**, a oedd yn canolbwyntio ar foderneiddio'r GIG yng Nghymru er mwyn cwrdd â gofynion y cyhoedd. Hefyd yn 1998 cyhoeddwyd **'Iechyd Gwell, Cymru Well'**, a wnaeth y cysylltiad amlwg rhwng tlodi a salwch.

Yn 2001 cynlluniodd **'Gwella Iechyd yng Nghymru – Cynllun ar gyfer y GIG gyda'i Bartneriaid'** ar gyfer newid arall yn y drefn a strwythurau newydd ar gyfer y GIG yng Nghymru. Roedd yn cydnabod nad yw'r ffactorau sy'n effeithio ar iechyd pobl bob amser dan reolaeth uniongyrchol unigolion.

Datblygwyd y strwythur i gyd-fynd â'r egwyddorion canlynol:
- Mwy o lais yn y modd y cawsai ei reoli;
- Atebolrwydd am ei weithredoedd ac am y gwasanaethau a ddarperir;
- Haws i gleifion ei ddeall.

NHS and Community Care Act 1990

Introduction

One of the biggest changes in recent years in the practice of health and social care was the formal introduction of the NHS and Community Care Act in 1990.

Before 1990, most health and public services were planned, as well as directly provided, by health authorities and local authorities. This Act split the role of health authorities and local authorities by changing their internal structure. This meant that local authority departments and, in some cases, family doctors, took on responsibility for assessing the needs of the local population and then purchased the necessary services from 'providers'. To become a 'provider' in the internal market, health organizations became NHS trusts – independent organizations with their own managements, competing with each other.

The idea of community care was that, for example, people with a chronic illness or a person in need of long-term care, who would have lived in a state-run institution under the previous care service, would now be able to live either in their own home, with adequate care and support, or in a residential home setting.

In Wales, in 1996 a document referred to as the **'Fresh Start'** merged the District Health Authorities into 5 Health Authorities covering the whole of Wales.

In 1998 the Secretary of State for Wales published a document called **'Putting Patients First'**, which focused on the modernisation of the NHS in Wales, in order to meet the demands of the public. Also in 1998 **'Better Health Better Wales'** was published, which clearly made the link between poverty and ill-health.

In 2001 **'Improving Health in Wales – A Plan for the NHS with its Partners'** planned for a new organizational change and new structures for the NHS in Wales. It recognised that factors that affect people's health are not always within the direct control of individuals.

The structure was developed to meet the following principles:

- A stronger voice in the way it was governed;
- Accountability for its actions and for the services that are delivered;
- Simpler for patients to understand.

The Key Elements of the new structure:
- 1 March 2004 – the Welsh Government created a Health and Social Care Department;

Dyma elfennau allweddol y strwythur newydd:

- 1 Mawrth 2004 – crëodd Llywodraeth Cymru Adran Iechyd a Gofal Cymdeithasol;
- Agorwyd Swyddfeydd Rhanbarthol dan arweiniad Cyfarwyddwyr Rhanbarthol;
- Mawrth 2005 – lansiwyd Asiantaeth Genedlaethol Arwain ac Arloesi mewn Gofal Iechyd yn swyddogol;
- Comisiwn Iechyd Cymru (Gwasanaethau Arbenigol) – crëwyd yr asiantaeth hon i ddarparu cyngor ac arweiniad ar wasanaethau eilaidd a rhanbarthol arbenigol;
- Mae'r Gwasanaeth Iechyd Cyhoeddus Gwladol (GICG) a Chanolfan Iechyd Cymru (CIC) nawr yn rhan o Iechyd Cyhoeddus Cymru;
- Erbyn hyn mae 7 Bwrdd Iechyd Lleol (BILl) a 3 Ymddiriedolaeth GIG yng Nghymru. Bydd disgwyl i'r Ymddiriedolaethau weithio'n agos gyda'r BILl, awdurdodau lleol ac eraill;
- Mae 9 Cyngor Iechyd Cymunedol ar draws Cymru, a fydd yn darparu cymorth a chyngor ac yn rhoi gwybodaeth am fynediad i'r GIG. Byddant hefyd yn monitro ansawdd gwasanaethau'r GIG, gan sicrhau bod barn ac anghenion y cyhoedd yn effeithio ar y polisïau a'r cynlluniau a weithredir gan ddarparwyr iechyd ym mhob ardal.

Erbyn hyn disgwylir i bob awdurdod asesu anghenion gofal unrhyw berson sydd ag anabledd, amhariad, afiechyd neu broblem iechyd meddwl, yna penderfynu pa fath o ofal sydd ei angen arnynt, a sicrhau bod y pecyn gofal yn cael ei weini'n effeithiol.

FFEITHIAU ALLWEDDOL

Deddf y GIG a Gofal Cymunedol 1990

Roedd y llywodraethau Ceidwadol oedd mewn grym yn yr 1980au yn credu'n gryf mai teuluoedd a ddylai fod yn gyfrifol am eu perthnasau, ac na ddylent ddisgwyl yn syth i'r wladwriaeth roi cefnogaeth iddynt. Roeddynt hefyd yn awyddus i gwtogi ar wariant cyhoeddus.

Hefyd yn ystod yr 1980au trefnodd y Llywodraeth astudiaeth i ddarganfod y ffordd orau o ddarparu gofal cymdeithasol ac yn 1990 pasiwyd Deddf y GIG a Gofal Cymunedol. Felly daeth Gofal Cymunedol i fod am sawl rheswm:

a) Y syniad o greu 'economi gofal cymysg';

b) Pryderon ynglŷn â chost y system bresennol;

- Regional Offices were opened led by Regional Directors;
- March 2005 – National Leadership and Innovation Agency for Healthcare was formally launched;
- Health Commission Wales (Specialist Services) – this agency was created to provide advice and guidance on specialised secondary and regional services;
- The National Public Health Services (NPHS) and The Wales Centre for Health (WCH) are now both part of Public Health Wales;
- There are now 7 Local Health Boards and 3 NHS Trusts in Wales. The NHS Trusts are expected to work closely with LHBs, local authorities and others;
- There are 9 Community Health Councils across Wales, which will provide help and advice and give information about access to the NHS. They will also monitor the quality of NHS services, ensuring that the public's views and needs influence the policies and plans put in place by health providers in each area.

Every authority is now expected to assess the care needs of any person with a disability, impairment, illness or mental health problem, then decide what provision of care is needed for them, and ensure that this care package is administered effectively.

 **KEY FACTS**

NHS and Community Care Act 1990

The Conservative governments that were in power in the 1980s were strong believers that families should take responsibility for their relations and that they should not immediately rely on the state for support. They also wanted to cut down on public spending.

Also during the 1980s the Government carried out a study on how best to deliver social care and in 1990 the NHS and Community Care Act was passed. Community Care therefore came about for several reasons:

a) The idea of creating a 'mixed economy of care';

b) Concerns regarding the cost of the existing system;

c) Changes in the attitude towards care practice;

d) Demographic reasons, e.g. people now living longer;

e) Political views about family responsibilities.

c) Newidiadau mewn agweddau tuag at arferion gofal;

ch) Rhesymau demograffig, e.e. pobl yn byw yn hirach nawr;

d) Barn wleidyddol am gyfrifoldebau teuluol.

Tyfodd y sector annibynnol ym maes gofal cymdeithasol yn gyflym dros y blynyddoedd diwethaf, a thrwy gyflwyno'r Ddeddf anogwyd asiantaethau preifat a gwirfoddol. Mae'r mwyafrif o gyfleusterau gofal preswyl, fel cartrefi nyrsio, dan reolaeth breifat ac mae nifer o asiantaethau gofal yn y cartref a chanolfannau dydd naill ai dan reolaeth gwirfoddolwyr neu'n gweithredu fel gwasanaethau preifat. Mae llawer o wasanaethau 'pryd ar glud' hefyd yn cael eu rhedeg gan fudiadau gwirfoddol.

Mae bron i 3 miliwn o bobl yn byw yng Nghymru ac yn defnyddio gwasanaethau'r GIG, a ddarperir drwy'r 7 Bwrdd Iechyd a'r 3 Ymddiriedolaeth GIG. Meddygon teulu, pobl broffesiynol eraill a chanolfannau gofal iechyd a meddygfeydd eraill ar draws Cymru sy'n darparu gwasanaethau gofal cynradd. Darperir gofal eilaidd drwy ysbytai a gwasanaethau ambiwlans. Darperir gofal trydyddol gan ysbytai, sy'n trin mathau penodol o glefydau, fel canser.

GWEITHGAREDDAU

1. Gan ddefnyddio'r llyfrgell leol, y we a ffynonellau perthnasol eraill, darganfyddwch pa wasanaethau annibynnol, preifat, neu wirfoddol sydd ar gael yn eich ardal chi. Beth mae pob gwasanaeth yn ei gynnig a sut maen nhw'n wahanol i'w gilydd?

2. Dewiswch un o'r gwasanaethau uchod a lluniwch astudiaeth fer ar sut maen nhw'n gweithredu, e.e. nifer y staff, nifer y cwsmeriaid, cyllido, ystod y gwasanaethau a gynigir, ac ati.

3. Lluniwch daflen ffeithiau sy'n esbonio swyddogaeth y canlynol yn glir:
   a) Y Byrddau Iechyd Lleol yng Nghymru;
   b) Cynghorau Iechyd Cymunedol yng Nghymru.

The independent sector in social care has been growing rapidly over the past few years, and private and voluntary agencies have been encouraged by the introduction of the Act. Most residential care facilities such as nursing homes are run privately, and many home care agencies and day centres are either run by volunteers or operate as private services. Many 'meals on wheels' services are also run by voluntary organizations.

Nearly 3 million people live in Wales and use the services of the NHS, which are delivered through the 7 Health Boards and the 3 NHS Trusts. Primary care services are provided by GPs, other professionals and other health care centres and surgeries across Wales. Secondary care is delivered through hospitals and ambulance services. Tertiary care is provided by hospitals, which treat specific types of illnesses, such as cancer.

TAKE ACTION

1. By using the local library, internet, and other relevant sources, find out what independent, private or voluntary services are available in your area. What does each service offer and how do they differ from each other?

2. Choose one of the above services and create a short study on how they function, e.g. number of staff, number of clients, funding, range of services offered etc.

3. Create a fact sheet that clearly explains the role of:
   a) The Local Health Boards in Wales;
   b) Community Health Councils in Wales.

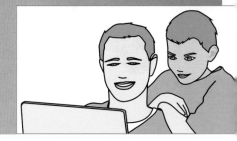

Deddf Safonau Gofal 2000

Cyflwyniad

Diwygiodd Deddf Safonau Gofal 2000 gyfundrefn rheoli ac arolygu gwasanaethau a sefydliadau gofal yng Nghymru a Lloegr, yn cynnwys cartrefi nyrsio, cartrefi plant, ysbytai annibynnol, cartrefi gofal preswyl ac ysgolion preswyl. Disodlodd **Ddeddf Cartrefi Cofrestredig 1984** a rheoliadau cysylltiol, e.e. rhannau o Ddeddf Plant 1989 sy'n sôn am ofal a llety plant.

Mae **Deddf Safonau Gofal 2000, Mesurau Mabwysiadau a Phlant a Theuluoedd (Cymru) 2010** a **Deddf Plant 1989/2004** yn caniatáu i Arolygaeth Gofal a Gwasanaethau Cymdeithasol Cymru (AGGCC) gofrestru ac arolygu mudiadau ac asiantaethau, yng Nghymru, sy'n darparu gwasanaethau blynyddoedd cynnar a gofal/gwasanaethau cymdeithasol.

Swyddogaeth AGGCC yw arolygu darparwyr blynyddoedd cynnar, gofal cymdeithasol a gwasanaethau cymdeithasol, a rhoi eu barn o ran y gwasanaethau a gynigir. Y nod yw annog y gwasanaeth a'r mudiadau i wella. Mae'r Rheoliadau a'r Safonau Gofynnol Cenedlaethol wedi'u seilio ar anghenion defnyddwyr y gwasanaethau a chynhelir ymgynghoriad gyda phawb dan sylw.

Pwrpas y safonau cenedlaethol hyn yw:
- Darparu safonau sydd yn drylwyr, yn fesuradwy ac y gellir eu gorfodi;
- Darparu safonau cyffredinol na ddylai unrhyw ddarparwr weithredu islaw iddynt;
- Sicrhau diogelwch preswylwyr;
- Diogelu a hybu iechyd, lles ac ansawdd bywyd preswylwyr.

Mae hon yn ddeddfwriaeth dipyn ehangach na Deddf 1984. Mae'n ceisio rheoli'r cysyniad o ofal yn ei gyfanrwydd, a rheoli'r rheiny sy'n darparu pob math o ofal – yn rheolwyr, staff ac ati, ym mron pob lleoliad ac o dan bob math o amgylchiadau, gan gynnwys sefydliadau ac asiantaethau gofal iechyd annibynnol.

Yr Adran Iechyd sy'n cyhoeddi'r Safonau Gofynnol Cenedlaethol ar gyfer gwasanaethau gofal cofrestredig, yn unol â gofynion Deddf Safonau Gofal 2000. Mae'r rhain yn cynnwys safonau ynglŷn â medrau'r gweithwyr, gan gynnwys eu cymhwyster, eu profiad a'u cymwysterau. Mae gan bob gwasanaeth gofal ac adeilad gofal (cofrestredig) reolwr cofrestredig sy'n gyfrifol am y gwasanaeth ac am yr adnoddau amrywiol (gan gynnwys staff) sydd eu hangen ar gyfer y gwasanaeth hwnnw.

Mae dros 150,000 o bobl yng Nghymru yn defnyddio'r gwasanaethau cyhoeddus ac mae'r galw yn cynyddu wrth i

Care Standards Act 2000

Introduction

The Care Standards Act 2000 reformed the inspection and regulatory system for care services and institutions in Wales and England, including nursing homes, children's homes, independent hospitals, residential care homes and boarding schools. The Act replaced the **Registered Homes Act 1984** and associated regulations, e.g. parts of the Children Act 1989, which refer to children's care or accommodation.

The **Care Standards Act 2000**, the **Adoption and the Children and Families (Wales) Measure 2010** and the **Children Act 1989/2004** enables the CSSIW to register and inspect organizations and agencies, in Wales, which provide early years services and social care/services.

The role of CSSIW (Care and Social Services Inspectorate Wales) is to inspect early years, social care and social services providers, and make judgements with regards to the services being offered. The aim is to encourage improvement in both the service and organizations. The Regulations and National Minimum Standards are based on the needs of the service users and consultation with all interested parties is undertaken.

The purpose of the national standards is to:
- Provide standards that are vigorous, measurable and enforceable;
- Provide minimum standards below which no provider may operate;
- Ensure the protection of residents;
- Safeguard and promote the health, welfare and quality of life of residents.

This is a far broader piece of legislation than the 1984 Act. It attempts to control the whole concept of care, and to regulate those who provide all types of care – management, staff etc. in virtually all settings and circumstances, including independent healthcare establishments and agencies.

The National Minimum Standards for registered care services are issued by the Department of Health as part of the implementation of the Care Standards Act 2000. The standards include requirements about the competence of the work force, including their suitability, experience and qualifications. All (registered) care services or premises have a registered manager who is responsible for the service and for the various resources (including staff) that are required for that service.

In Wales alone over 150,000 people use the social services, and the demand is increasing as society changes.

gymdeithas newid. Y nod cyffredinol yw gwella ansawdd y gofal a ddarperir a sicrhau bod gwasanaethau gofal yn ddigonol, yn briodol ac yn ateb gofynion y defnyddwyr.

Gwasanaethau Cymdeithasol Cynaliadwy i Gymru – fframwaith gweithredu a Mesur Gwasanaethau Cymdeithasol a Llesiant (Cymru)

Ym mis Mehefin 2011 cyhoeddodd Llywodraeth Cymru bapur gwyn yn amlinellu'r fframwaith gweithredu ar gyfer gwasanaethau cymdeithasol yng Nghymru dros y deng mlynedd nesaf a thu hwnt. Dilynwyd y fframwaith drwy ddrafftio'r Mesur Gwasanaethau Cymdeithasol a Llesiant (Cymru), a gyflwynwyd i'r Cynulliad Cenedlaethol ar 28 Ionawr 2013 i'w archwilio a'i ystyried. Os cytunir ar y ddeddfwriaeth hon, bydd yn darparu fframwaith cyfreithiol i wella lles pobl yng Nghymru ac yn trawsnewid y ffordd y cyflwynir gwasanaethau cymdeithasol yng Nghymru, gan roi mwy o lais a rheolaeth i bobl a hybu eu hannibyniaeth. (Cynhelir y ddadl gyflawn ar y Mesur ym mis Hydref 2013.)

Nod y Mesur yw canolbwyntio ar ataliaeth ac ymyrraeth gynnar. Mae'n anelu at hybu cydraddoldeb, gwella ansawdd gwasanaethau a darparu gwybodaeth i bobl.

FFEITHIAU ALLWEDDOL

Deddf Safonau Gofal 2000

- Disodlwyd Deddf Cartrefi Cofrestredig 1984 a rhannau o Ddeddf Plant 1989 (sy'n ymwneud â gofal a llety plant) gan y Ddeddf Safonau Gofal.

- Prif nod y ddeddfwriaeth hon ydy diwygio'r gyfraith sy'n ymwneud ag arolygu a rheoli'r sefydliadau gofal gwahanol. Llwyddodd y Ddeddf Safonau Gofal i foderneiddio trefniadau rheolaeth a sicrhau ansawdd.

- Gwnaeth y Ddeddf les sylweddol i bobl sy'n derbyn gwasanaethau gofal. Mae'r rheoliadau a'r safonau wedi'u seilio ar anghenion y defnyddwyr.

- Mae Arolygaeth Gofal a Gwasanaethau Cymdeithasol Cymru (AGGCC) yn rheoli lleoliadau gofal oedolion, cartrefi plant, asiantaethau maethu, gofalwyr plant, ysgolion preswyl arbennig, canolfannau teuluoedd, ac ati.

The overall aim is to improve the quality of care provided and to ensure that care services are adequate, appropriate and sufficient to care users' needs.

Sustainable Social Services for Wales – a framework for action and the Social Services and Well-Being (Wales) Bill
In June 2011 the Welsh government published a white paper outlining the framework for action for social services in Wales for the next ten years and beyond. This framework was followed by the drafting of the **Social Services and Well-Being (Wales) Bill**, which was introduced to the National Assembly for Wales on 28 January 2013 for consideration and scrutiny. If this legislation is agreed it will deliver the legal framework for improving the wellbeing of people in Wales and it will transform the way in which social services are delivered in Wales, giving people a stronger voice and more control, which will promote their independence. (The plenary debate for the Bill will take place in October 2013.)

The Bill aims to focus on prevention and early intervention. It also aims to promote equality, improve the quality of services and the provision of information that people receive.

KEY FACTS

Care Standards Act 2000

- The Care Standards Act replaced the Registered Homes Act 1984 and parts of the Children Act 1989 (which refers to the care or the accommodation of children).

- The main aim of this legislation is to reform the law that relates to the inspection and regulation of various care institutions. The Care Standards Act modernised the arrangements for regulation and assuring standards.

- The Act brought about important benefits for people receiving care services. The regulations and standards are based on the needs of the service users.

- The Care and Social Services Inspectorate Wales (CSSIW) regulates care settings for adults, children's homes, fostering agencies, child minders, residential special schools, family centres etc.

GWEITHGAREDDAU

1. Ymwelwch ag un sefydliad gofal, e.e. cartref plant, ysbyty annibynnol, cartref nyrsio neu gartref gofal preswyl.

a) Gofynnwch iddynt sut maen nhw'n sicrhau bod safonau gofal yn ddigonol, yn addas ac yn ateb anghenion y defnyddiwr;

b) Lluniwch restr o'r polisïau a'r dulliau gweithredu sydd mewn lle i sicrhau safonau uchel o ran gofal a chefnogaeth.

2. Mae Arolygaeth Gofal a Gwasanaethau Cymdeithasol Cymru (AGGCC) yn arolygu gwasanaethau gofal yng Nghymru. Lluniwch daflen wybodaeth sy'n esbonio'n glir swyddogaeth yr AGGCC wrth sicrhau safonau uchel a gwella ansawdd y gwasanaethau gofal yng Nghymru.

TAKE ACTION

1. Visit one care organization, e.g. a children's home, an independent hospital, a nursing home or a residential care home.

a) Ask them how they ensure that care services are adequate, appropriate and sufficient to care users' needs.

b) Make a list of the policies and procedures that the setting has in place to ensure high standards of care and support.

2. The Care and Social Services Inspectorate Wales (CSSIW) inspects care services in Wales. Create a leaflet that clearly explains the role of the CSSIW in ensuring high standards and improved quality in social care services in Wales.

Deddf Iechyd a Diogelwch yn y Gwaith 1974

Cyflwyniad

Mae Deddf Iechyd a Diogelwch yn y Gwaith 1974 yn darparu'r fframwaith gyfreithiol i hybu ac annog safonau iechyd a diogelwch uchel yn y gweithle. Cyn 1974, roedd tua 8 miliwn o weithwyr heb unrhyw amddiffyniad diogelwch cyfreithiol yn y gweithle. Nod y Ddeddf yw amddiffyn gweithwyr a gall hefyd orfodi gwahanol gyfrifoldebau ar gyflogwyr.

Y prif amcanion ydy sicrhau iechyd, diogelwch a lles pobl yn y gweithle ac amddiffyn eraill rhag peryglon i iechyd neu ddiogelwch, mewn cysylltiad â gweithgareddau pobl yn y gweithle. Mae hefyd yn anelu at reoli sylweddau peryglus a'r modd y maent yn cael eu cadw a'u defnyddio yn y gweithle, yn ogystal â rhwystro eu prynu neu eu perchnogi'n anghyfreithlon; a hefyd rheoli allyriadau penodol i'r atmosffer.

Dan y Ddeddf hon mae gan gyflogwyr, gweithwyr, hyfforddeion, pobl hunan-gyflogedig, gweithgynhyrchwyr, cyflenwyr, dylunwyr a mewnforwyr offer gwaith, oll ddyletswyddau cyfreithiol.

Dyletswyddau cyflogwyr
- Sicrhau bod pob gweithiwr wedi derbyn hyfforddiant digonol;
- Ysgrifennu polisi diogelwch a chydymffurfio iddo;
- Cynnal profion asesu risg yn rheolaidd;
- Sicrhau bod offer yn ddiogel i'w ddefnyddio.

Dyletsywddau gweithwyr
- Gweithredu'n briodol gan ddefnyddio'r offer diogelwch a ddarperir;
- Cydymffurfio â pholisi iechyd a diogelwch y cyflogwr;
- Bod yn ymwybodol o'u hiechyd a'i diogelwch eu hunain, yn ogystal ag iechyd a diogelwch eraill;
- Adrodd yn ôl am bob perygl posibl o fewn y gweithle.

Rheoliadau Iechyd a Diogelwch (Offer Miniog mewn Gofal Iechyd) 2013

Daeth y Rheoliadau Iechyd a Diogelwch (Offer Miniog mewn Gofal Iechyd) i rym ym mis Mai 2013 i reoli perygl cyfarpar miniog, e.e. nodwyddau mewn gofal iechyd.

Rheoliadau Rheoli Iechyd a Diogelwch yn y Gwaith 1999

Mae'r rheoliadau hyn yn esbonio'n glir beth ddylai cyflogwyr ei wneud i reoli pob mater iechyd a diogelwch dan Ddeddf Iechyd a Diogelwch yn y Gwaith 1974. (Mae'r rhain hefyd yn gymwys i bob gweithgaredd iechyd a diogelwch.)

Deddf Diogelwch, Iechyd a Lles yn y Gwaith 2005

Mae Deddf Diogelwch, Iechyd a Lles yn y

10

Health and Safety at Work Act 1974

Introduction

The Health and Safety at Work Act 1974 provides the legal framework to promote and encourage high standards of health and safety in places of work. Before 1974 approximately 8 million employees had no legal safety protection at work. The Act aims to protect employees and can impose various responsibilities on employers.

Its main aims are to secure the health, safety and welfare of persons at work and to protect others against risks to health or safety in connection with the activities of persons at work. It also aims to control the keeping and use, and prevent the unlawful acquisition, possession and use of, dangerous substances; and also to control certain emissions into the atmosphere.

Under this Act, employers, employees, trainees, the self-employed, manufacturers, suppliers, designers and importers of work equipment, all have legal duties.

Employers' duties
- To ensure that all employees have undertaken sufficient training;
- To write, and comply with, the health and safety policy;
- To carry out regular risk assessment checks;
- To ensure that all equipment is safe to use.

Employees' duties
- To act appropriately using the safety equipment provided;
- To comply with their employer's health and safety policy;
- To be aware of their own health and safety, as well as that of others;
- To report any potential hazard within the work setting.

Health and Safety (Sharp Instruments in Healthcare) Regulations 2013

In May 2013 the Health and Safety (Sharp Instruments in Healthcare) regulations came into force to control the risks posed by 'sharps', e.g. needles in healthcare.

Management of Health and Safety at Work Regulations 1999

These regulations clearly explain what employers are expected to do in order to manage all health and safety issues under the Health and Safety at Work Act 1974. (These also apply to all health and safety activities.)

Gwaith 2005 yn gymwys i bob gweithle ac yn diweddaru'r prif ddarpariaeth ar gyfer sicrhau diogelwch yn y gweithle. Mae'r ddeddf yn gymwys i bob cyflogwr, gweithiwr a'r rhai hynny sy'n hunan gyflogedig. Mae Rheoliadau Diogelwch, Iechyd a Lles yn y Gwaith (Cymhwysiad Cyffredinol) 2007 yn disodli Rheoliadau 1993 a rheoliadau eraill sy'n ymwneud â iechyd a diogelwch.

Deddf Troseddau Iechyd a Diogelwch 2008

Daeth Deddf Troseddau Iechyd a Diogelwch 2008 i rym ym mis Ionawr 2009. Mae'r Ddeddf wedi galluogi llysoedd i gynyddu dirwyon ac wedi rhoi iddynt fwy o rymoedd dedfrydu yn erbyn y rheiny sy'n torri cyfreithiau iechyd a diogelwch.

Rheoliadau Iechyd a Diogelwch (Cymorth Cyntaf) 1981

Gall gweithwyr ddioddef anaf neu salwch sydyn ar unrhyw adeg. Mae'n bwysig bod cyflogwyr wedi gwneud trefniadau i sicrhau bod eu gweithwyr yn derbyn sylw ar unwaith os ydynt yn dioddef anaf neu'n mynd yn sâl yn y gweithle.

Mae'r rheoliadau hyn yn sicrhau bod o leiaf un person sy'n gallu rhoi Cymorth Cyntaf ar y safle bob amser. Rhaid i'r bobl hynny sicrhau bod eu tystysgrifau Cymorth Cyntaf yn cael eu diweddaru'n gyson. Rhaid i'r lleoliad hefyd sicrhau eu

bod yn apwyntio rhywun i fod yn gyfrifol am gynnwys eu blwch Cymorth Cyntaf. (Gall cynnwys y blwch amrywio yn ôl y lleoliad).

RIDDOR (Rheoliadau Cofnodi Anafiadau, Afiechydon a Digwyddiadau Peryglus 1995)

Mae RIDDOR yn rhoi cyfrifoldeb cyfreithiol ar gyflogwyr, pobl hunan gyflogedig a phobl sy'n gyfrifol am adeiladau i gofnodi damweiniau ac afiechyd yn y gwaith. Rhaid cydymffurfio â'r rheoliadau hyn ym mhob lleoliad. Rhaid rhoi adroddiad am bob damwain, digwyddiad a chlefyd, a'i gofnodi drwy system cofnodi damweiniau'r lleoliad. Os anafir aelod o staff neu os yw'n mynd yn sâl o ganlyniad i'w waith, rhaid hysbysu'r awdurdodau lleol ar unwaith. (Trafodwyd cynigion i symleiddio ac egluro sut y gall busnesau gydymffurfio â gofynion RIDDOR.)

Cyflwynwyd newidiadau i RIDDOR ar 1 Hydref 2013 er mwyn symleiddio dulliau cofnodi gorfodol ar gyfer anafiadau yn y gweithle i fusnesau, tra'n sicrhau bod y data a gesglir yn rhoi llun cywir o ddigwyddiadau yn y gweithle

COSHH (Rheoliadau Rheoli Sylweddau sy'n Peryglu Iechyd 1994)

Yn ôl y rheoliadau hyn mae'n ofynnol i

Safety, Health and Welfare at Work Act 2005

The Safety, Health and Welfare at Work Act 2005 applies to all workplaces, and updates the main provisions for securing health and safety in the workplace. This Act applies to all employers, employees and those who are self-employed. The Safety, Health and Welfare at Work (General Application) Regulations 2007 replaced the 1993 Regulations and other related health and safety at work regulations.

Health and Safety Offences Act 2008

The Health and Safety Offences Act 2008 came into force in January 2009. This Act has enabled the courts to increase fines and it has given them greater sentencing powers for those who break health and safety laws.

Health and Safety (First Aid) Regulations 1981

Employees can suffer injury or sudden illness at any time. It is important that employers have made arrangements to ensure their employees receive immediate attention if they are injured or taken ill at work.

These regulations ensure that there is at least one First Aider on site at all times. First Aiders must ensure that their First Aid certificates are updated regularly.

The setting must also ensure that they appoint a person to be responsible for the contents of their First Aid box. (The content of the box may vary, depending on the setting).

RIDDOR (Reporting of Injuries, Diseases and Dangerous Occurrences Regulations 1995)

RIDDOR places a legal duty on employers, self-employed people and people in control of premises to report accidents and ill health at work. These regulations must be adhered to in every setting. All accidents, incidents and diseases must be reported and logged, using the accident reporting system of the setting. If a member of staff is injured or becomes ill due to work, local authorities must be notified immediately. (Proposals have been discussed to simplify and clarify how businesses comply with the requirements of RIDDOR.)

Changes were introduced to RIDDOR as from 1 October 2013, which will simplify the mandatory reporting of workplace injuries for businesses, whilst ensuring that the data collected gives an accurate picture of workplace incidents.

COSHH (Controls Of Substances Hazardous to Health Regulations 1994)

These regulations require

gyflogwyr/lleoliadau asesu'r perygl i iechyd a rhybuddio eu gweithwyr o beryglon posibl, e.e. cemegion fel hylifau glanhau a ddefnyddir o fewn y sefydliad. Rhaid i bob lleoliad sicrhau bod ei weithwyr yn ymwybodol o sut i leihau'r peryglon hyn; gellir gwneud hyn drwy hyfforddi'r gweithlu.

Disodlodd rheoliadau COSHH 2002 y rheoliadau cynharach (1988, 1994 ac 1999). Mae'r rheoliadau hyn yn amlinellu'r fframwaith sy'n ofynnol i reoli sylweddau sydd yn beryglus i iechyd ac i atal pobl rhag dod mewn cysylltiad â sylweddau peryglus lle bo hynny'n bosibl. Mae'r rheoliadau wedi eu hamlinellu'n glir a rhaid i gyflogwyr a gweithwyr gydymffurfio â hwy. Gall peidio â chydymffurfio arwain at gamau cyfreithiol.

Rheoliadau Rhagofalon Tân (Man Gwaith) 1997

Mae'r rheoliadau gwreiddiol hyn wedi eu diwygio sawl gwaith dros y blynyddoedd diwethaf: diwygiwyd Rheoliadau Rhagofalon Tân (Man Gwaith) 1997 gan **Reoliadau Rhagofalon Tân (Man Gwaith) (Atodiad) 1999**, a diwygiwyd hwn yn ei dro gan **Reoliadau Sylweddau Peryglus ac Atmosfferau Ffrwydrol 2002**, a nawr mae hwn hefyd wedi ei ddiwygio gan **Reoliadau Rheoli Iechyd a Diogelwch yn y Gwaith a Rhagofalon Tân (Man Gwaith) (Atodiad) 2003**.

Mae cyflogwyr yn gyfrifol am sicrhau iechyd, diogelwch a lles eu gweithwyr ac eraill sydd yn dod i mewn i'r man gwaith. Mae'r dyletswyddau cyffredinol hyn yn cynnwys diogelwch o ran peryglon tân, o ran prosesau gwaith a gweithgareddau yn y gwaith, yn ogystal â diogelwch tân yn y man gwaith yn gyffredinol. Yn ôl y rheoliadau rhaid i bob man gwaith asesu'r perygl rhag tanau yn rheolaidd.

Prif nod y rheoliadau hyn ydy mynnu bod lleoliad yn cadw cofnodion o ymarferion tân ac yn sicrhau bod eu hoffer tân, e.e. larymau tân, yn gweithio. Yn ogystal, rhaid i'r lleoliad sicrhau bod trefn dianc effeithiol yn bodoli a bod pob arwydd allanfa dân i'w weld yn glir.

Gorchymyn Diwygio Rheoleiddio (Diogelwch Tân) 2005

Disodlwyd Rheoliadau Rhagofalon Tân (Man Gwaith) 1997 a phob deddfwriaeth tân arall oedd yn bodoli gan **Orchymyn Diwygio Rheoleiddio (Diogelwch Tân) 2005**. Y prif wahaniaeth yn y ddeddfwriaeth hon yw ei bod yn seiliedig ar asesiad risg tân. Mae 'person cyfrifol' yn gyfrifol am ddiogelwch tân a rhaid iddynt wneud asesiad risg o'r ardal neu'r adeiladau.

employers/settings to assess the risk to health and warn their employees of potential hazards, e.g. chemicals such as cleaning products used in the establishment. All settings must also make their employees aware of the ways they can minimize these risks, this can be achieved through training their workers.

The 2002 COSHH regulations replaced the earlier regulations (1988, 1994 and 1999). These regulations outline the framework that is required to control substances that are hazardous to health and to prevent exposure to hazardous substances, where possible. The regulations, which employers and employees have to abide by are clearly outlined. Failure to comply may lead to legal action.

Fire Precautions (Workplace) Regulations 1997

These original regulations have been amended several times during the past few years: the Fire Precautions (Workplace) Regulations 1997, was amended to **The Fire Precautions (Workplace) (Amendment) Regulations 1999**, which was then amended to **The Dangerous Substances and Explosive Atmospheres Regulations 2002**, and is now amended to **The Management of Health and Safety at Work and Fire Precautions (Workplace) (Amendment) Regulations 2003.**

Employers are responsible for ensuring the health, safety and welfare of their employees, and others who may have access to the workplace. These general duties include safety in relation to fire hazards, from work processes and activities, as well as general fire safety in the workplace. Under the regulations all workplaces must carry out fire risk assessments on a regular basis.

These regulations require a setting to keep records of fire drills and to make sure that their fire equipment, e.g. fire alarms are all in working order. The setting also needs to make sure that there is an effective evacuation procedure in place and that all fire exit signs can be seen clearly.

Regulatory Reform (Fire Safety) Order 2005

The Fire Precautions (Workplace) Regulations 1997 and all other existing fire legislations were abolished by the **Regulatory Reform (Fire Safety) Order 2005**. The main difference in this legislation is that it carries a fire risk assessment based approach. A 'responsible person' has responsibility for fire safety and they must conduct a risk assessment of that area or premises.

Deddf Diogelwch Bwyd 1990/Rheoliadau Diogelwch Bwyd (Hylendid Bwyd Cyffredinol) 1995 Rheoliadau Trin Bwyd 1995

Mae corff enfawr o gyfreithiau, rheoliadau, codau ymarfer a chanllawiau yn dylanwadu ar y modd yr ydym yn cynhyrchu, prosesu, dosbarthu, gwerthu, pacio a labelu bwyd, ac mae unrhyw un sy'n berchen ar, yn rheoli neu'n gweithio i fusnes bwyd yn rhwym i'r cyfreithiau a'r rheoliadau hyn.

Mae pob un o'r Deddfau a'r rheoliadau uchod yn cynnwys hylendid cegin cyffredinol a hylendid personol. Y nod yw sicrhau unffurfiaeth o ran safonau hylendid bwyd ar draws y Gymuned Ewropeaidd, fel sy'n cael ei amlinellu yn y Cyfarwyddyd Hylendid Bwyd.

Mae'r rheoliadau hyn yn cynnwys:
* Pawb sy'n darparu neu'n gwerthu bwyd;
* Pawb sy'n paratoi neu'n gweini bwyd;
* Pob lleoliad sy'n darparu neu'n gwerthu bwyd;
* Pob lleoliad sy'n paratoi neu'n gweini bwyd.

Rhaid i bob lleoliad sicrhau bod y staff sy'n paratoi bwyd wedi derbyn hyfforddiant digonol a bod ganddynt dystysgrif Hylendid Bwyd sylfaenol.

Swyddogion Iechyd yr Amgylchedd, a gyflogir gan yr awdurdodau lleol, sy'n

gweithredu'r deddfau diogelwch bwyd hyn.

Rheoliadau Diogelwch Bwyd (Rheoli Tymheredd) 1995

Mae'r rheoliadau hyn yn effeithio ar nifer o fusnesau bwyd, gan ei bod yn mynnu bod bwydydd penodol yn cael eu cadw ar dymheredd a fydd yn atal twf bacteria niweidiol. Mae rheoli tymheredd yn dda yn rhan sylfaenol o baratoi a thrin bwyd yn ddiogel. Mae caniatáu i fwyd gael ei gadw ar dymereddau a allai achosi perygl i iechyd yn drosedd.

Rheoliadau Hylendid Bwyd (Cymru) 2006

Mae Rheoliadau Hylendid Bwyd (Cymru) 2006 yn cyfuno deddfwriaethau hylendid bwyd eraill. Mae'r Rheoliadau yn gosod gofynion hylendid sylfaenol ar gyfer busnesau i sicrhau eu bod yn cynhyrchu bwyd mewn modd diogel.

FFEITHIAU ALLWEDDOL

Deddf Iechyd a Diogelwch yn y Gwaith 1974

* Bydd Rheoliadau Iechyd a Diogelwch yn effeithio ar bob lleoliad gofal mewn amryw o ffyrdd. Wrth ystyried y lleoliadau hyn, rhaid sicrhau bod:

The Food Safety Act 1990/The Food Safety (General Food Hygiene) Regulations 1995
Food Handling Regulations 1995

The production, processing, distribution, retail, packaging and labelling of foods are governed by a mass of laws, regulations, codes of practice and guidances, and anyone who owns, manages or works in a food business are affected by these laws and regulations.

All the above Acts and regulations include both general kitchen hygiene and personal hygiene. They aim to ensure common food hygiene rules across the European Community, as set out in the Food Hygiene Directive.

They cover:
- Anyone who provides or sells food;
- Anyone who prepares or serves food;
- All settings that provide or sell food;
- All settings that prepare or serve food.

All settings must ensure that staff that are handling food have had sufficient training and hold a basic Food Hygiene certificate.

These food safety laws are enforced by Environmental Health Officers, who are employed by the local authorities.

Food Safety (Temperature Control) Regulations 1995

These regulations affect many food businesses, as they require certain foods to be kept at a temperature that will prevent the growth of harmful bacteria. Good temperature control of foods is fundamental to safe operation of food preparation. It is an offence to allow foods to be kept at temperatures that could cause a risk to health.

The Food Hygiene (Wales) Regulations 2006

The Food Hygiene (Wales) Regulations 2006 combines the other food hygiene legislations. The Regulations set out basic hygiene requirements for food businesses, to ensure that they produce food safely.

KEY FACTS

Health and Safety at Work Act 1974

- Health and Safety Regulations will affect all care settings in various ways. When considering these settings it is important that:
  - all environments are cleaned, maintained and have adequate facilities for the clients;

- pob man yn cael ei lanhau a'i gynnal a bod cyfleusterau digonol i'r cwsmeriaid;

- staff yn cadw at safonau hylendid bob amser, a'u bod wedi derbyn digon o hyfforddiant mewn hylendid bwyd sylfaenol;

- cwsmeriaid yn cael dŵr yfed glân a golau, bod y lleoliad wedi ei awyru, bod tai bach ar gael, bod rhywle i olchi dwylo a bod rhyddid oddi wrth bob perygl.

• Dylai pob lleoliad gael ei gofrestru gydag adran amgylchedd yr awdurdod lleol, a byddan nhw wedyn yn arolygu'r lle yn flynyddol i sicrhau bod y system ddraenio'n effeithiol a bod y lle yn lân yn gyffredinol (heb bryfaid na phlâu o unrhyw fath) ac ati.

• Gellir ystyried bod pob proses sy'n ymwneud â pharatoi neu werthu bwyd yn weithgaredd busnes bwyd, gan gynnwys paratoi, prosesu, cynhyrchu, cludo, dosbarthu, symud, pacio, storio, gwerthu a chyflenwi.

Bydd y Mesur Menter a Diwygio Rheoleiddio, sydd i fod i ddod i rym rhwng mis Hydref 2013 a mis Mai 2014, yn diwygio rhannau o Ddeddf Iechyd a Diogelwch yn y Gwaith 1974 ac yn newid y dull cyfredol o dalu iawndal i weithwyr sydd wedi eu hanafu o ganlyniad i fethiant eu cyflogwyr i cydymffurfio â deddfwriaeth iechyd a diogelwch.

 ## GWEITHGAREDDAU

1. Tynnwch gynllun o leoliad gofal lleol a nodwch bob perygl Iechyd a Diogelwch posibl.

2. Nodwch sut y mae'r lleoliad wedi goresgyn y peryglon hyn.

3. Nodwch leoliad y diffoddwyr tân a'r allanfeydd tân ac esboniwch pam, yn eich tyb chi, eu bod wedi eu lleoli yno.

4. Dyfeisiwch lwybr dianc i gwsmeriaid yn achos tân.

- good hygiene is practised at all times and all staff have had sufficient training in basic food hygiene;
- clients are provided with clean drinking water, light, ventilation, lavatories, hand washing facilities and freedom from danger.

- Each setting should be registered with the environmental section within the local authority, who will then inspect the premises on an annual basis for effective drainage, general cleanliness (making sure that the premises are free from bugs and pests) etc.

- Every process that deals with preparing or selling food can be classed as a food business activity, including preparation,

processing, manufacturing, transportation, distribution, handling, packaging, storage, selling, and supplying.

The Enterprise and Regulatory Reform Bill, which is timetabled to come into effect between October 2013 and May 2014, will amend parts of the Health and Safety at Work Act 1974, and change the approach currently taken to compensate employees who are injured as a result of their employers failing to comply with health and safety legislation.

TAKE ACTION

1. Draw a plan of a local care setting and identify all the possible Health and Safety hazards.

2. Identify how the setting has overcome these hazards.

3. Identify the position of the fire extinguishers and exits and state why you think they have been placed there.

4. Create an escape route for clients in the event of a fire.

11

Deddf Lwfans y Teulu 1945
Deddf Yswiriant Gwladol 1946
Deddf Gwasanaeth Iechyd Gwladol 1948
Deddf Cymorth Gwladol 1948

Cyflwyniad

Roedd **Deddf Lwfans y Teulu 1945** yn anabod yr angen i ddarparu lwfans i deuluoedd, ac yn cydnabod bod cael plant yn gostus. Byddai pob plentyn, heblaw'r cyntaf, yn derbyn y lwfans yma.

Gwaith Eleanor Rathbone a arweiniodd at y syniad o lwfans teulu; fe ddylanwadwyd yn fawr arni hi gan ymroddiad ei thad i helpu pobl llai ffodus. Yn ystod y Rhyfel Byd Cyntaf, trefnodd Fudiad Teuluoedd Milwyr a Morwyr yn neuadd y dref i gefnogi gwragedd milwyr ac unigolion oedd yn ddibynnol arnynt. Yn 1917, sefydlodd y Pwyllgor Gwaddol Teulu; yna yn 1924 cyhoeddodd ei llyfr *The Disinherited Family* a oedd yn dadlau y dylai'r wladwriaeth roi budd-dâl i deuluoedd tlawd trwy gyfrwng system lwfans teulu.

Yn 1929, etholwyd Eleanor Rathbone yn AS Annibynnol i gynrychioli'r Prifysgolion Unedig, ac aeth ati i ymgyrchu yn erbyn tlodi. Fe'i gwobrwywyd am ei hymgyrch dros y lwfans teulu yn 1945 pan basiwyd Deddf Lwfans y Teulu.

Deddf Lwfans y Teulu 1945

Deddf Lwfans y Teulu 1945 oedd y ddeddf gyntaf erioed i ddarparu budd-dâl plant. Roedd yn sicrhau bod y Lwfans Teulu a'r Lwfans Treth Plant yn darparu ar gyfer plant dan 15 oed a oedd yn ddibynnol ar eu rhieni, plant rhwng 15 a 18 oed oedd yn dal i dderbyn addysg, a phlant hŷn dros 15 oed nad oeddent yn gweithio. Yn 1968 cytunwyd ar gynnydd cyffredinol yn y lwfans teulu. Yn 1975 cyflwynwyd budd-dâl plant, a oedd yn cynnwys pob plentyn yn y teulu. Talwyd hwn yn uniongyrchol i famau ac i dadau sengl. Gwnaed diwygiadau pellach ar hyd y blynyddoedd.

Yng nghyllideb 2012 cyhoeddodd George Osborne y byddai'n torri budd-dâl plant. Ym mis Ionawr 2013 cyflwynwyd newid sylweddol i fudd-dâl plant yng Nghymru. Byddai teuluoedd lle roedd un rhiant yn ennill dros £50,000 yn colli rhan o'u budd-dâl plant, ond os oedd un rhiant yn ennill dros £60,000 byddai'r budd-dâl yn cael ei atal yn llwyr. Effeithiwyd ar oddeutu 28,000 o deuluoedd yng Nghymru yn unig.

Amcangyfrifwyd bod dros filiwn o bobl wedi eu heffeithio yn y DU, gan golli £1,300 y flwyddyn ar gyfartaledd. Mae budd-dâl plant yn werth £20.30 yr wythnos i'r plentyn cyntaf a thelir £13.40 i bob plentyn wedi hynny. Does dim rhaid talu treth ar yr arian yma. Gwneir y

Family Allowance Act 1945
National Insurance Act 1946
National Health Service Act 1948
National Assistance Act 1948

Introduction

The **Family Allowance Act 1945** recognised the need to provide an allowance to families, and acknowledged that having children was a drain on the family's economy. All children, except the first, would be paid this allowance.

The idea of family allowance was brought about by the work of Eleanor Rathbone, who was strongly influenced by the dedication of her father to help those less fortunate than herself. During the First World War she organized the town hall Soldiers and Sailors Families Organization to support wives and dependents of soldiers. In 1917, she founded the Family Endowment Committee; and then in 1924, she published her book *The Disinherited Family*, which argued that the state should subsidise poor families via a system of family allowances.

In 1929, Eleanor Rathbone became an Independent MP for the Combined Universities, and pursued her campaigns against poverty. Her campaign for family allowances was rewarded in 1945 when the Family Allowance Act was passed.

Family Allowance Act 1945

The Family Allowance Act 1945 was the first ever law to provide child benefit. It ensured that dependent children under the age of 15, those aged 15-18 and still in education, and older non-working children over 15, were provided for by Family Allowance and Child Tax Allowance. In 1968 a general increase in family allowances was agreed. In 1975 child benefit was introduced, this included all the children in the family. This was paid directly to mothers and single fathers. Further amendments have been made to the Act over the years.

In the 2012 budget, George Osborne announced that there were scheduled cuts to child benefit. In January 2013 major changes were introduced to child benefit in Wales. Families with one parent earning more than £50,000 would lose part of their child benefit, but if one parent earned above £60,000 the benefit would be fully withdrawn from that family. About 28,000 families were affected by these changes in Wales alone.

It was estimated that over a million people were affected in the UK, with an average loss of around £1,300 a year. Child benefit is worth £20.30 per week for the first born and an additional

taliadau tan i'r plentyn gyrraedd 16 neu 18 neu os ydynt yn dal i dderbyn addysg llawn amser. Mae 96-97% o'r boblogaeth gymwys yn derbyn budd-dâl plant.

Crëwyd strwythur y Wladwriaeth Les gan y **Ddeddf Yswiriant Gwladol 1946**. Yn ogystal, cyhoeddodd y llywodraeth gynlluniau am Wasanaeth Iechyd Gwladol a fyddai'n 'rhad ac am ddim i unrhyw un sydd eisiau ei ddefnyddio'. Cyflwynodd y ddeddf hon gynllun cyfrannu a fyddai'n helpu pobl oedd yn colli cyflog o ganlyniad i ddiweithdra, salwch, anabledd ac ymddeoliad. Byddai pobl yn cyfrannu tuag at eu Yswiriant Gwladol eu hunain, a byddai eu cyflogwyr a'r llywodraeth yn gwneud hefyd.

Rhoddwyd Cydsyniad Brenhinol i **Ddeddf Cyfraniadau Yswiriant Gwaladol 2011** ar 22 Mawrth 2011 (yn cynnwys Gymru, Lloegr a'r Alban). Pwrpas y mesur oedd cynyddu cyfraddau Cyfraniadau Yswiriant Gwaldol (NICs) o fis Ebrill 2011 ac o bosib gwneud newidiadau eraill a allai hybu menter a thegwch. Prif fudd y mesur oedd codi £9 biliwn, a fyddai'n talu am gynnydd yn lwfans personol y treth incwm a chynnydd yn nhrothwy'r NIC. Byddai gweithwyr oedd yn ennill llai nag £20,000 yn talu llai o NIC.

Yn 1948, llwyddodd y Gweinidog Iechyd, Aneurin Bevan, i dywys **Deddf y Gwasanaeth Iechyd Gwladol** yn ddiogel drwy'r Senedd. Roedd y ddeddfwriaeth hon yn rhoi diagnosis anhwylder a thriniaeth am ddim i bobl Prydain, yn y cartref neu yn yr ysbyty. Prif nod y ddeddf oedd sicrhau gwelliannau yn iechyd pobl Prydain, er mwyn talu llai yn y pen draw am anabledd ac anhwylder, ac arbed arian i'r economi.

Erbyn 1948, roedd Aneurin Bevan yn gyfrifol am 2,688 o ysbytai yng Nghymru a Lloegr, ond yn 1951 ymddiswyddodd o'r llywodraeth pan gododd Hugh Gaitskell, Canghellor Trysorlys y llywodraeth Lafur, dâl o swllt am bob presgripsiwn a chyhoeddi y byddai'n rhaid i bobl dalu hanner cost eu dannedd gosod a'u sbectolau.

Cafodd Deddf y Gwasanaeth Iechyd Gwladol 1948 ei diwygio a'i hadolygu yn 1977 ac eto fyth yn 2006. Mae **Deddf y Gwasanaeth Iechyd Gwladol 2006** yn cyfnerthu deddfwriaeth sy'n ymwneud â'r Gwasanaeth Iechyd Gwladol.

Yn 2011 cyflwynwyd **(Mesur) Iechyd a Gofal Cymdeithasol** ac ar 27 Mawrth 2012 rhoddwyd Cydsyniad Brenhinol i'r Ddeddf Iechyd a Gofal Cymdeithasol. Dyma ad-drefniad mwyaf y Gwasanaeth Iechyd Gwladol yn y DU. Mae'r rhan fwyaf o'r ddarpariaeth o fewn y Mesur yn ymwneud â Chymru a Lloegr yn unig, ond yn gymwys i Loegr yn unig. Mae peth darpariaeth yn gymwys i Gymru yn unig,

£13.40 is paid for each subsequent child. This money is not taxed. This payment is made until the child reaches 16 or 18 or if they remain in full time education. Child benefit is claimed by 96-97% of the eligible population.

The passing of the **National Insurance Act 1946** created the structure of the Welfare State. The government also announced plans for a National Health Service that would be 'free to all who want to use it.' This Act introduced a contributory scheme designed to help cover people's loss of earnings due to unemployment, illness, disability and retirement. People would contribute to their own National Insurance, as would their employers and the government.

The **National Insurance Contributions Act 2011** received Royal Assent on 22 March 2011 (relevant to England, Wales and Scotland). The purpose of this Bill was to increase rates of National Insurance Contributions (NICs) from April 2011 and possibly make other changes that could promote enterprise and fairness. The main benefits of the Bill were to raise £9 billion, which would finance an increase in the income tax personal allowance and an increase in the NIC threshold. Employees earning under £20,000 would pay less NICs.

In 1948 Aneurin Bevan, the Minister of

Health, guided the **National Health Service Act** safely through Parliament. This legislation provided people in Britain with free diagnosis and treatment of illness, at home or in hospital. The main aim of the Act was to ensure that the health of the British people would be improved and hence less money would be paid out to disability and sickness, which would mean a greater saving to the economy.

By 1948, Aneurin Bevan was responsible for 2,688 hospitals in England and Wales, but in 1951 he resigned from government, when Hugh Gaitskell, the Labour Chancellor of the Exchequer, placed a shilling on every prescription and announced that people would have to pay half the cost of dentures and spectacles.

The National Health Service Act 1948 was amended and revised in 1977 and again more recently in 2006. **The National Health Service Act 2006** consolidates legislation relating to the National Health Service.

In 2011 the **Health and Social Care (Bill)** was introduced and on 27 March 2012 the Health and Social Care Act received Royal Assent. This is the most extensive reorganization of the National Health Service in the UK. Most of the provisions contained in the Bill extend to England

ac eraill yn ymwneud â'r DU gyfan. Mae'r ddarpariaeth yn cynnwys:

- Diddymu'r Asiantaeth Diogelu Iechyd;
- Diwygiadau i Ddeddf Gwasanaeth Iechyd Gwladol Cymru 2006;
- Diwygiadau i Ddeddf Iechyd Meddwl 1983;
- Darpariaethau'n ymwneud â rheoleiddio gweithwyr iechyd a chymdeithasol;
- Darpariaethau'n ymwneud â'r Sefydliad Cenedlaethol ar gyfer Iechyd a Rhagoriaeth Glinigol;
- Darpariaethau i'r Ysgrifennydd Gwladol fedru gweithredu cyfrifoldeb am sylweddau biolegol a diogelwch ymbelydredd yng Nghymru.

Yn 1948, gwelwyd pasio **Deddf Cymorth Gwladol**. Pobl dlawd iawn oedd mewn golwg gyda'r ddeddfwriaeth hon, gan nad oedd y cynllun Yswiriant Gwladol yn berthnasol yn eu hachos hwy. Newidiodd y ddeddf y gyfundrefn profion modd er mwyn asesu pobl dros 16 oed yn ôl eu hincwm eu hunain, gan ostwng oed annibyniaeth o 21 i 16. Gellid hawlio budd-dâl diweithdra ar ôl cyfrannu am 26 wythnos. O ganlyniad, gallai plant dan 16 oed hawlio os oeddynt wedi bod yn gweithio'n rheolaidd ers gadael yr ysgol.

Diwygiwyd y Ddeddf Cymorth Gwladol yn 1951 ac eto yn 1968. Ar 18 Mawrth 2013 cyflwynwyd newidiadau pellach i

Gynulliad Cenedlaethol Cymru, a ddaeth i rym ar 8 Ebrill 2013.

Bydd **Rheoliadau Cymorth Gwladol a Ffioedd Gofal Cymdeithasol (Cymru) (Diwygiadau Amrywiol) 2013** yn diwygio **Rheoliadau Cymorth Gwladol (Asesu Adnoddau) 1992, Rheoliadau Ffioedd Gofal Cymdeithasol (Asesu Modd a Phennu Ffioedd) (Cymru) 2011** a **Rheoliadau Ffioedd Gofal Cymdeithasol (Taliadau Uniongyrchol) (Asesu Modd a Phennu Ad-daliadau Cyfraniadau) (Cymru) 2011**.

FFEITHIAU ALLWEDDOL

Deddf Lwfans y Teulu 1945
Deddf Yswiriant Gwladol 1946
Deddf Gwasanaeth Iechyd Gwladol 1948
Deddf Cymorth Gwladol 1948

1959 – Am y tro cyntaf, gwneir cysylltiad rhwng cyfraniadau Yswiriant Gwladol a chyflog.

1964 – Penderfynodd y llywodraeth newid y Ddeddf Yswiriant Gwladol, ac ymestyn y Lwfans Teulu i gynnwys pobl ifanc ddibynnol hyd at 19 oed os

and Wales only, but apply only to England. Some provisions apply only to Wales, others extend to the whole of the UK. These provisions include:

- The abolition of the Health Protection Agency;
- Amendments to the National Health Service Wales Act 2006;
- Amendments to the Mental Health Act 1983;
- Provisions relating to the regulation of health and social workers;
- Provisions relating to the National Institute for Health and Clinical Excellence;
- Provisions for the Secretary of State to exercise biological substances and radiation protection functions in Wales.

In 1948 the **National Assistance Act** emerged. This Act was considered to be a safety net for those who were in total poverty, as they were not covered by the National Insurance Scheme. The Act changed means testing so that over-16s were assessed on their own income, thus lowering the age of independence from 21 to 16 years. Unemployment Benefit could be drawn after contributions of 26 weeks. Therefore, under-16s could claim if they had been in regular work since leaving school.

The National Assistance Act was amended in 1951 and again in 1968. On 18 March 2013 further changes were laid

before the Welsh Assembly, which took effect from 8 April 2013.

The National Assistance and Social Care Charges (Wales) (Miscellaneous Amendments) Regulations 2013 will make amendments to the **National Assistance (Assessment of Resources) Regulations 1992, the Social Care Charges (Mean Assessment and Determination of Charges) (Wales) Regulations 2011** and the **Social Care Charges (Direct Payments) (Means Assessment and Determination of Reimbursement or Contribution) (Wales) Regulations 2011.**

KEY FACTS

Family Allowance Act 1945
National Insurance Act 1946
National Health Service Act 1948
National Assistance Act 1948

1959 – National Insurance contributions became earnings-related.

1964 – The government decided to change the National Insurance Act, and extend Family Allowance for dependants up to 19 years in full-time education.

oeddent mewn addysg llawn amser.

1948 – Sefydlwyd y Wladwriaeth Les gan y Ddeddf Yswiriant Gwladol, gyda chyfraniadau gorfodol i ddiogelu rhag tlodi o ganlyniad i ddiweithdra, anhwylder, beichiogrwydd, gweddwon, budd-daliadau henaint, a grantiau i dalu am angladdau.

1948 – Pasiwyd y Ddeddf Cymorth Gwladol. Crëwyd y Bwrdd Cymorth Gwladol i helpu pobl oedd ag adnoddau annigonol.

1948 – Tywysodd Aneurin Bevan Ddeddf y Gwasanaeth Iechyd Gwladol drwy'r Senedd.

1951 – Caniataodd Deddf y Gwasanaeth Iechyd Gwladol i'r llywodraeth godi tâl am gyfarpar dannedd ac optegol.

1959 – Gwnaethpwyd y cysylltiad rhwng pensiynau a chyfraniadau a chyflog am y tro cyntaf gyda'r Ddeddf Yswiriant Gwladol. Daeth y cynllun i rym yn 1961.

1965 – Cyfnerthwyd deddfwriaeth flaenorol gan y Ddeddf Lwfans Teulu, y Ddeddf Yswiriant Gwladol a'r Ddeddf Yswiriant Gwladol (Damweiniau Diwydiannol).

1966 – Diddymwyd Cymorth Gwladol gan y Ddeddf Nawdd Cymdeithasol a chyflwynwyd Budd-daliadau Ychwanegol yn ei le.

1970 – Drwy'r Ddeddf Yswiriant Gwladol ymestynnwyd pensiynau gweddwon a sicrhau amodau cymhwyster ar eu cyfer, a chyflwynwyd pensiynau digyfraniad a lwfans mynychu i bobl anabl.

1970 – Eithriwyd teuluoedd ar incwm bychan rhag gorfod talu am y gwasanaeth iechyd, nac am ginio ysgol i blant, dan y Ddeddf Ychwanegiadau at Incwm Teulu.

1975 – Roedd pob clinig GIG yn cynnig cyngor cynllunio teulu am ddim i bawb, waeth beth oedd eu hoedran a'u statws priodasol.

1975 – Disodlwyd lwfansau teulu gan fudd-daliadau plant dan y Ddeddf Budd-dâl Plant.

1988 – Newidiwyd y Budd-daliadau Ychwanegol yn daliadau Ategu Incwm.

1991 – Cyflwynwyd dau lwfans newydd i'r Ddeddf Lwfans Byw i'r Anabl a Lwfans Gwaith i'r Anabl.

1997 – Apwyntiwyd Tessa Jowell yn Weinidog Iechyd Cyhoeddus, y cyntaf erioed. Datblygwyd strategaeth iechyd newydd i geisio delio â chylchdro parhaol afiechyd o ganlyniad i dlodi a difreiniad.

2000 – Cynyddwyd y gyllideb er mwyn medru codi graddfeydd Ategu Incwm i deuluoedd gyda phlant.

Cafwyd datblygiadau allweddol eraill o fewn y GIG, ym maes Addysg ac ym maes Gwasanaethau Gofal Cymdeithasol, i

1948 – The National Insurance Act established the welfare state, with compulsory contributions to cover unemployment, sickness, maternity, widows, old age benefits, and funeral grants.

1948 – The National Assistance Act was passed. The National Assistance Board was created to assist people whose resources were insufficient.

1948 – Minister for Health Aneurin Bevan guided the National Health Service Act through Parliament.

1951 – The National Health Service Act authorised charges for dental and optical appliances.

1959 – The National Insurance Act introduced earnings related pensions and contributions. The scheme came into force in 1961.

1965 – The Family Allowances Act, the National Insurance Act and the National Insurance (Industrial Injuries) Act consolidated previous legislation.

1966 – The Social Security Act abolished National Assistance and replaced it with Supplementary Benefits.

1970 – The National Insurance Act extended and ensured eligibility for widows' pensions and introduced non-contributory pensions and an attendance allowance for disabled people.

1970 – Families with small incomes became exempt from health service charges and eligible for children's free school meals, under the Family Income Supplements Act.

1975 – All NHS clinics offered free family planning services to everyone, irrespective of age and marital status.

1975 – The Child Benefit Act replaced family allowances with child benefits.

1988 – Supplementary Benefits became Income Support.

1991 – Two new allowances were introduced to the Disability Living Allowance and Disability Working Allowance Act.

1997 – Tessa Jowell was appointed as the first Minister of Public Health. A new Health strategy was developed in order to try to answer the constant cycle of ill health due to poverty and deprivation.

2000 – Increases were made in the budget, in order to raise the Income Support scales for families with children.

Further key developments have taken place within the NHS, Education and Social Care Services. These changes have taken place in order to try to improve the statutory systems that exist today. The most recent changes include the

geisio gwella'r systemau statudol sy'n bodoli heddiw. Mae'r newidiadau mwyaf diweddar yn cynnwys cyflwyno'r **Ddeddf Cyfraniadau Yswiriant Gwladol 2011**, a gafodd Gydsyniad Brenhinol ar 22 Mawrth, a'r **Rheoliadau Cymorth Gwladol a Ffioedd Gofal Cymdeithasol (Cymru) (Diwygiadau Amrywiol) 2013**.

GWEITHGAREDDAU

Gwnewch astudiaeth fanwl o waith naill ai Eleanor Rathbone neu Aneurin Bevan.

a) Disgrifiwch yn fras eu cefndir a'u rhesymau am ymgyrchu;

b) Nodwch yr hyn a wnaethant i newid bywydau teuluoedd yn y DU yn ystod yr 1940au;

c) Trafodwch sut y mae newidiadau i fudd-daliadau plant yn 2012 wedi effeithio ar nifer o deuluoedd yng Nghymru.

introduction of the **National Insurance Contributions Act 2011**, which received Royal Assent on 22 March, and the **National Assistance and Social Care Charges (Wales) (Miscellaneous Amendments) Regulations 2013**.

 TAKE ACTION

Undertake an in-depth study of either Eleanor Rathbone's or Aneurin Bevan's work.

a) Briefly describe their background and their reasons for campaigning;

b) Identify what they did to change the lives of families in the UK during the 1940s;

c) Discuss how the changes to child benefit in 2012 has affected many families in Wales.

Deddf Hawliau Dynol 1998

Cyflwyniad

Mae Deddf Hawliau Dynol 1998 yn ychwanegiad eithaf diweddar i gyfraith cydraddoldeb y DU, ond mae'n bwysig iawn yn achos lleoliadau gofal gan ei bod yn galluogi pobl i geisio cyfiawnder os ydynt o'r farn bod rhywun neu rywbeth wedi tresmasu yn erbyn eu hawliau dynol.

Daeth Deddf Hawliau Dynol 1998 i rym ym mis Hydref 2000 ac mae'n ymwneud â'r hawliau sylfaenol y sonir amdanynt yng Nghonfensiwn yr UN ar Hawliau Dynol. Disgrifiwyd y ddeddf fel a ganlyn: mae'n cyflwyno'r *'hawliau sylfaenol a'r rhyddid y mae pob bod dynol yn eu haeddu, gan gynnwys yr hawl i fywyd a rhyddid, y rhyddid i feddwl a mynegi barn, ac i fod yn gyfartal yn llygaid y gyfraith'*

Mae Datganiad Hawliau Dynol Byd-eang y Cenhedloedd Unedig yn dweud bod *'pob bod dynol wedi ei eni yn rhydd ac yn gyfartal ei urddas a'i hawliau. Mae ganddynt reswm a chydwybod a dylent weithredu tuag at ei gilydd mewn ysbryd o frawdgarwch'*

Mae'r Ddeddf yn effeithio ar faterion bywyd a marwolaeth, rhyddid ac artaith, a hefyd ar hawliau unigolion o ddydd i ddydd. Mae'r Ddeddf yn egluro y dylai'r llysoedd yn y wlad hon, cyn belled â phosibl, ddehongli'r gyfraith mewn modd sy'n gydnaws â hawliau'r Confensiwn, ac mae'n gorfodi awdurdodau lleol i weithredu mewn modd sy'n gydnaws â hawliau'r Confensiwn.

Mae'r hawliau yn cynnwys:
* Yr hawl i fyw;
* Gwahardd artaith;
* Gwahardd caethwasiaeth a llafur gorfodol;
* Yr hawl i ryddid a diogelwch;
* Yr hawl i brawf teg;
* Dim cosb heb gyfraith;
* Yr hawl i barch tuag at fywyd preifat a theuluol;
* Rhyddid meddwl, cydwybod a chrefydd;
* Rhyddid mynegiant;
* Rhyddid i ymgynnull a chymdeithasu;
* Yr hawl i briodi;
* Gwahardd gwahaniaethu;
* Amddiffyn eiddo;
* Yr hawl i addysg;
* Yr hawl i etholiadau rhydd;
* Diddymu'r gosb eithaf.

Sefydlwyd y Llys Ewropeaidd ar Hawliau Dynol (ECHR) i ddehongli a gweithredu'r Confensiwn. Yn 1950, helpodd y DU i lunio cytundeb rhyngwladol gorfodol, sef **"Confensiwn Ewrop ar Hawliau Dynol"**, ac mae Cymru wedi ei rhwymo i'r cytundeb hwn ers dros chwe deg o flynyddoedd. Mae'r Confensiwn yn amlinellu yr hawliau sifil a gwleidyddol sylfaenol ar gyfer Cymru. Er 1966 mae gan unigolion yr hawl i ddwyn achos llys yn erbyn Llywodraeth Prydain yn y Llys Ewropeaidd.

12

Human Rights Act 1998

Introduction

The Human Rights Act 1998 is quite a recent addition to the equality law in the UK, but is very important in relation to care environments as it enables people to seek redress for infringements of their human rights.

The Human Rights Act 1998 is a law that came into full force in October 2000 and consists of the basic rights taken from the European Convention on Human Rights. The Act has been described as giving *'the basic rights and freedoms to which all humans are entitled, often held to include the right to life and liberty, freedom of thought and expression, and equality before the law'.*

The United Nations Universal Declaration of Human Rights states that *'all human beings are born free and equal in dignity and rights. They are endowed with reason and conscience and should act towards one another in a spirit of brotherhood'*

The Act affects matters of life and death, freedom and torture, and also an individual's rights in everyday life. The Act makes is clear that, as far as possible, the courts in this country should interpret the law in a way that is compatible with Convention rights, and it places an obligation on public authorities to act compatibly with Convention rights.

These rights include:
- The right to life;
- Prohibition of torture;
- Prohibition of slavery and forced labour;
- The right to liberty and security;
- The right to a fair trial;
- No punishment without law;
- The right to respect for private and family life;
- Freedom of thought, conscience and religion;
- Freedom of expression;
- Freedom of assembly and association;
- The right to marry;
- Prohibition of discrimination;
- Protection of property;
- The right to education;
- The right to free elections;
- Abolition of the death penalty.

The European Court of Human Rights (ECHR) is the international court set up to interpret and apply the Convention. In 1950, the UK helped to draft a binding international agreement **"The European Convention on Human Rights"** and Wales has been bound by this agreement for over sixty years. The Convention outlines both the fundamental civil and political rights for Wales. Since 1966 people have had the right to bring cases against the British Government in the ECHR.

Yn y flwyddyn 2000, yn ôl y Ddeddf Hawliau Dynol daeth yn bosibl i orfodi hawliau'r ECHR yn gyfreithiol yn ein llysoedd ni. Mae hon yn drefniant symlach o lawer na'r un a fodolai gynt. Mae'r Ddeddf yn rhoi datganiad cyfreithiol clir i bobl o'u hawliau a'u rhyddid sylfaenol. Egwyddor allweddol y Ddeddf yw y dylid sicrhau cysondeb â hawliau'r Confensiwn lle bo hynny'n bosibl.

Erbyn hyn mae 53 o wledydd, sy'n cynrychioli pob rhan o'r byd, yn aelodau o'r Comisiwn Hawliau Dynol.

Ym mis Mawrth 2008 cyhoeddodd y Pwyllgor Hawliau Dynol yr adroddiad **'A Life Like Any Other'** (Hawliau Dynol Oedolion ag Anableddau Dysgu). Yn ôl yr adroddiad nid oedd oedolion ag anableddau dysgu yn y DU yn derbyn eu hawliau dynol sylfaenol. Nodai hefyd eu bod yn fwy agored i gamdriniaeth ac esgeulustod.

Mae'r Ddeddf Hawliau Dynol yn gymwys i bob awdurdod cyhoeddus, gan gynnwys y llywodraeth ganolog a llywodraeth leol, yr heddlu, ysbytai a charchardai, ond ar hyn o bryd nid yw'r Ddeddf Hawliau Dynol yn orfodol ym maes gofal yn y cartref yn yr un modd ag y mae mewn gofal preswyl. Yn ôl ymchwiliad y Comisiwn Cydraddoldeb a Hawliau Dynol (yn 2011) i ofal yr henoed yn y cartref, roedd achosion o esgeuluso hawliau dynol yn gyffredin iawn.

Ar 16 Gorffennaf 2012 cyflwynwyd Adroddiad a Chyfrifon Blynyddol y Comisiwn ar gyfer 2011/12 i'r Senedd. Roedd hwn yn cynnwys yr ymchwiliad i'r system gofal yn y cartref a hefyd ymchwiliad i aflonyddu yn ymwneud ag anabledd.

Gweithiodd y Comisiwn Cydraddoldeb a Hawliau Dynol gyda'r Comisiwn Gofal ac Ansawdd i greu canllawiau cydraddoldeb a hawliau dynol ar gyfer arolygwyr y gwasanaeth gofal. Mae hwn yn amlinellu'r hyn sydd angen iddynt gadw golwg arno wrth fonitro ac asesu darparwyr gofal.

Yng Nghymru, arweiniodd adroddiad y Comisiwn ar yr ymchwiliad i aflonyddu yn ymwneud ag anabledd at Ymchwiliad gan Bwyllgor y Cynulliad a fydd yn ystyried yr holl argymhellion a wneir gan y ddau Gomisiwn a'r Pwyllgor.

FFEITHIAU ALLWEDDOL

Deddf Hawliau Dynol 1998

Mae Deddf Hawliau Dynol 1998 yn rhoi'r hawl i bobl ddwyn achos llys os esgeuluswyd eu hawliau, yn eu barn hwy ac am ba reswm bynnag, yn ôl hawliau'r Confensiwn.

- Mae'r Ddeddf Hawliau Dynol yn sicrhau bod pob unigolyn yn gallu deall

In 2000 the Human Rights Act made rights from the ECHR enforceable in the courts in this country. This is a much simpler arrangement than the previous one. The Act gives people a clear legal statement of their basic rights and fundamental freedoms. The key principle of the Act is that wherever possible there should be compatibility with the Convention rights.

Currently 53 countries, representing all regions of the world, are members of the Commission on Human Rights.

In March 2008 a report **'A Life Like Any Other'** (Human Rights of Adults with Learning Disabilities) was issued by the Committee on Human Rights. The report revealed that adults with learning difficulties in the UK were being denied their fundamental human rights. It also revealed that they are more vulnerable to abuse and neglect.

The Human Rights Act applies to all public authorities, such as central and local government bodies, the police, hospitals and prisons, but at present home care for the elderly is not subject to the Human Rights Act in the same way as residential care. The Equality and Human Rights Commission's inquiry (in 2011) into homecare for elderly people revealed appalling findings of widespread breaches of human rights.

On 16 July 2012 the Commission's Annual Report and Accounts for 2011/12 were laid before Parliament, which included both the inquiry into the home care system and also an inquiry into disability related harassment.

The Equality and Human Rights Commission has worked with the Care Quality Commission to create an equality and human rights guidance for care inspectors, which outlines what they are required to look for when monitoring and assessing a care provider.

In Wales, the Commission's report on the inquiry into disability related harassment has led to a Welsh Assembly Committee Inquiry, which will consider all recommendations made by both the Commissions and the Committee.

 KEY FACTS

Human Rights Act 1998

The Human Rights Act 1998 gives people the right to take court proceedings if they believe that, for whatever reason, their rights have been breached, according to the Convention rights.

- The Human Rights Act ensures that each individual can clearly understand basic values and standards.

gwerthoedd a safonau sylfaenol yn glir.

- Mae'r ddeddfwriaeth yn cynnwys pob math o amgylchedd, e.e. cartrefi, ysbytai, adrannau gwasanaethau cymdeithasol ac ati.

- Rhaid i bob awdurdod cyhoeddus roi ystyriaeth lawn i hawliau pob unigolyn wrth wneud penderfyniadau a fydd yn effeithio ar y cyhoedd.

- Cafodd y Ddeddf Hawliau Dynol ddylanwad effeithiol ar ddeddfwriaeth y wlad hon.

- Gall pobl herio unrhyw beth maent yn ei ystyried i fod yn ymyrraeth anghyfreithlon ar eu hawliau dynol, o fewn llysoedd y DU.

 GWEITHGAREDDAU

1. Mae gan bob unigolyn yr hawl i geisio cywiriad os yw'n teimlo bod rhywun wedi tresmasu ar ei hawliau. Chwiliwch ar y we i adnabod hawliau un grŵp o gwsmeriaid e.e. yr henoed, pobl anabl neu blant. Lluniwch daflen ffeithiau fer i amlinellu'r hawliau hyn.

2. Trafodwch sut y mae pobl yn fwy ymwybodol o'u hawliau erbyn hyn ac yn barod i ymladd drostynt, e.e. am well

amodau gwaith neu amodau gwaith cyfartal, am ryddid mynegiant yn y gwaith ac ati. Lluniwch restr o ffyrdd y mae'r Ddeddf Hawliau Dynol wedi effeithio ar gyflogwyr a'u trefniadau recriwtio.

Senario ar gyfer trafodaeth grŵp

Mae Mr Jones wedi bod yn byw mewn cartref gofal am sawl blwyddyn. Roedd wedi dioddef strôc ddifrifol ac o ganlyniad, mae wedi'i barlysu o'i ganol i lawr, a hefyd ar un ochr o'i gorff.

Yn diweddar mae Mr Jones wedi bod yn teimlo'n isel ei ysbryd ynglŷn â'i sefyllfa a phenderfynodd nad oedd eisiau i'w ofalwyr ei godi, ei ymolchi a'i wisgo yn y bore. Ceisiodd ei ofalwyr ddwyn perswâd arno y byddai'n teimlo tipyn yn hapusach o godi a chymysgu â thrigolion eraill y cartref.

Dywed Mr Jones ei fod yn gallu penderfynu drosto'i hun beth mae e eisiau eu wneud, a bod ganddo'r hawl i aros yn ei wely os yw'n dymuno gwneud hynny.

Trafodwch sut y gallai'r Ddeddf Hawliau Dynol effeithio ar y ffordd y gall gofalwyr gefnogi a gofalu am Mr Jones.

- The legislation covers all kinds of care environments, e.g. homes, hospitals, social services department etc.

- All public authorities must pay proper attention to each individual's rights when they make decisions that are going to affect the public.

- The Human Rights Act has had an effective impact on legislation in this country.

- People are able to challenge what they consider to be unlawful interference with their human rights, within the UK courts.

 TAKE ACTION

1. Every individual has the right to seek redress for infringements of their rights. Carry out a search on the Internet to identify the rights of one client group, e.g. the elderly, disabled persons or children. Produce a short fact sheet to outline these rights.

2. Discuss how people are more aware of their basic rights these days and will fight for their rights, e.g. for better and equal working conditions, for freedom of expression in work etc. Create a list of ways in which you think the Human Rights Act has affected employers and their recruitment procedures.

Scenario for group discussion
Mr Jones has been a resident at a care home for several years. He had suffered a severe stroke, which left him paralysed from the waist down and also paralysed down one side of his body.

Mr Jones has recently been feeling depressed about his situation and has decided that he doesn't want his carers to get him up, washed and dressed in the morning. The carers have tried to persuade him that by doing this, and by mixing with the other clients in the home, he will feel much happier.

Mr Jones says that he is able to decide for himself what he wants to do, and that he has the right to stay in bed, if that is his decision.

Discuss how the Human Rights Act may affect the manner in which the carers are able to support and care for Mr Jones.

13

Deddf Cysylltiadau Hiliol 1976 Deddf Cysylltiadau Hiliol (Diwygiad) 2000 a 2003

Cyflwyniad

Mae Deddf Cysylltiadau Hiliol 1976 (sy'n ymgorffori'r Deddfau Cysylltiadau Hiliol cynharach yn 1965 ac 1968) yn Ddeddf allweddol sy'n diogelu pobl rhag gwahaniaethu hiliol, yn uniongyrchol ac yn anuniongyrchol, ym meysydd tai, cyflogaeth, addysg a darpariaeth nwyddau, cyfleusterau a gwasanaethau.

Gellir barnu bod rhywun wedi profi gwahaniaethu os derbyniant driniaeth lai ffafriol nag eraill, boed hynny'n fwriadol neu'n anfwriadol, ar sail eu lliw, tarddiad ethnig, cenedl, hil neu gefndir. Mae Deddf Cysylltiadau Hiliol 1976 yn hyrwyddo cydraddoldeb hiliol a chyfleoedd cyfartal ac o ganlyniad i'r Ddeddf, mae gwahaniaethu yn erbyn pobl am y rhesymau uchod yn anghyfreithlon.

Mewn gwirionedd, mae'r mwyafrif helaeth o wahaniaethu ar sail hil ym Mhrydain yn digwydd yn erbyn pobl o leiafrifoedd ethnig, ond mae'r gyfraith yn amddiffyn pobl o bob cefndir, hil, lliw a chenedl.

Mae gwahanol adrannau o fewn y Ddeddf sy'n ymdrin â:
• Gwahaniaethu gan gyflogwyr;
• Gwahaniaethu gan gyrff eraill, e.e. Undebau Llafur, asiantaethau cyflogi;
• Gwahaniaethu o fewn meysydd eraill fel addysg, cyfleusterau, gwasanaethau ac adeiladau.

Diwygiwyd y Ddeddf gan **Ddeddf Cysylltiadau Hiliol (Diwygiad) 2000**, sy'n ei gwneud hi'n anghyfreithlon i wahaniaethu yn erbyn unrhyw un ar sail ei hil, cenedl, lliw, credoau crefyddol a tharddiad ethnig neu genedlaethol. Mae'r Ddeddf yn gymwys ym meysydd tai (rhentu, prynu neu werthu), cyflogaeth neu chwilio am waith, addysg a hefyd cynllunio a gweithredu swyddogaethau cyhoeddus (yn achos cyrff cyhoeddus a phreifat fel ei gilydd). Mae hefyd yn gymwys i ddarparu nwyddau, cyfleusterau a gwasanaethau ac ati. Daeth y Ddeddf i rym ar 2 Ebrill 2001.

Datblygwyd y newidiadau i'r gyfraith mewn ymateb i'r Adroddiad ar Ymchwiliad Stephen Lawrence, sef yr ymchwiliad i lofruddiaeth bachgen du yn ei arddegau yn Llundain. Llofruddiwyd Stephen Lawrence tra roedd yn aros am fws ar 22 Ebrill 1993. Yn ôl tystion, ymosodwyd arno gan grŵp o lanciau gwyn oedd yn gweiddi sloganau hiliol.

Mae'r Ddeddf Cysylltiadau Hiliol (Diwygiad) 2000 yn cynnwys gwahardd gwahaniaethu hiliol ac amddiffyn unigolion ym mhob swyddogaeth

Race Relations Act 1976
Race Relations (Amendments) Act 2000 and 2003

Introduction

The Race Relations Act 1976 (which incorporated the earlier Race Relations Acts in 1965 and 1968) is a key Act that provides protection from racial discrimination, either direct or indirect, in the fields of housing, employment, education and the provision of goods, facilities and services.

A person is considered discriminated against if they are treated less favourably than others, intentionally or unintentionally, on the grounds of colour, ethnic origin, nationality, race or background. The Race Relations Act 1976 promotes racial equality and equal opportunities and has made it illegal to discriminate against people on the above grounds.

In practice, most racial discrimination in Britain is against people from ethnic minorities, but people of every background, race, colour and nationality are protected by the law.

There are various sections within the Act that cover, for example:
- Discrimination by employers;
- Discrimination by other bodies, e.g. Trade Unions, employment agencies;
- Discrimination in other fields such as education, facilities, services and premises.

This Act was amended by the **Race Relations (Amendment) Act 2000**, which makes it unlawful to discriminate against anyone on the grounds of their race, nationality, colour, religious beliefs and ethnic or national origins. The Act applies to the fields of housing (renting, buying or selling a house), employment or seeking employment, education as well as planning and the exercise of public functions (by both public authorities and private bodies). It also applies to the provision of goods, facilities and services etc. The Act came into force on 2 April 2001.

The changes in the law were developed in response to the Stephen Lawrence Inquiry Report, which was the inquiry into the murder of a black British teenager from London. Stephen Lawrence was murdered whilst waiting for a bus on 22 April 1993. Witnessed claimed that he was attacked by a group of white youths who were shouting racist slogans.

gyhoeddus, er enghraifft:
* Cyflogaeth neu chwilio am gyflogaeth;
* Rhentu, prynu neu werthu tŷ;
* Addysg a hyfforddiant o bob math.

Rheoliadau Deddf Cysylltiadau Hiliol 1976 (Diwygiad) 2003

Addaswyd y Ddeddf Cysylltiadau Hiliol erbyn hyn a daeth y rheoliadau newydd i rym yn 2003. Mae'r prif newidiadau yn cynnwys:
* Diffiniad ar wahân o aflonyddu hiliol;
* Diffiniad newydd o wahaniaethu anuniongyrchol;
* Newidiadau yn y baich prawf, sy'n golygu bod yn rhaid i wahaniaethydd honedig, ar ôl i'r cwyn cael ei wneud, brofi na wnaeth wahaniaethu'n anghyfreithlon;
* Dileu nifer o eithriadau o'r ddeddfwriaeth.

Y Comisiwn dros Gydraddoldeb Hiliol

Sefydlwyd y Comisiwn dros Gydraddoldeb Hiliol, sy'n gorff cyhoeddus, yn 1976 i adolygu'r ddeddfwriaeth ac i orfodi a gweithredu'r dyletswyddau a nodir yn y Ddeddf.

Dywed y datganiad cenhadaeth eu bod yn gweithio *'dros gymdeithas gyfiawn ac integredig, lle y gwerthfawrogir amrywioldeb. Byddwn yn perswadio ac yn defnyddio'n grymoedd cyfreithlon i roi cyfle cyfartal i bawb gael byw heb ofni gwahaniaethu, rhagfarn na hiliaeth.'*

Gall y Comisiwn ddwyn pobl o flaen y llys am wahaniaethu'n uniongyrchol neu'n anuniongyrchol ac maent yn rhoi cyngor ar sut i wella cyfleoedd cyfartal. Er 2007, cyfunwyd gwaith y Comisiwn â'r Comisiwn dros Gydraddoldeb a Hawliau Dynol newydd.

Y Comisiwn dros Gydraddoldeb a Hawliau Dynol yng Nghymru

Pwrpas y Comisiwn dros Gydraddoldeb a Hawliau Dynol yng Nghymru yw sicrhau bod polisïau a dulliau gweithredu, a luniwyd ar gyfer y DU, yn adlewyrchu anghenion Cymru. Mae'n ceisio lleihau anghydraddoldeb, amddiffyn hawliau dynol a chael gwared â gwahaniaethu.

Ym mis Ebrill 2010, cymeradwywyd Cynllun yr Iaith Gymraeg, a ddatblygwyd gan y Comisiwn dros Gydraddoldeb a Hawliau Dynol mewn cydweithrediad â Bwrdd yr Iaith Gymraeg. Un o egwyddorion y Comisiwn dros Gydraddoldeb a Hawliau Dynol yng Nghymru yw bod Cymraeg a Saesneg yn cael eu trin yn gyfartal (yn ddibynnol ar amgylchiadau/ymarferoldeb).

The Race Relations (Amendment) Act 2000 included prohibiting race discrimination in all public functions, for example:

* Employment or seeking employment;
* Renting, buying or selling a house;
* All types of education and training.

Race Relations Act Regulations 1976 (Amendment) 2003

The Race Relations Act has since been modified and the new regulations came into force in 2003. The main modifications include:

* A freestanding definition of racial harassment;
* A new definition of indirect discrimination;
* Changes to how the burden of proof is applied, which means that once a complaint has been made, an alleged discriminator must prove that they did not commit unlawful discrimination;
* Removing a number of exceptions from the legislation.

The Commission for Racial Equality

The Commission for Racial Equality (a non-departmental public body) was set up in 1976 to review the legislation and to enforce and implement the duties specified in the Act.

Their mission statement said that they worked *'for a just and integrated society, where diversity is valued. We use persuasion and our powers under the law to give everyone an equal chance to live free from fear of discrimination, prejudice and racism.'*

The Commission can take people to court for direct and indirect discrimination and they give advice on how to improve equal opportunities. Since 2007 the work of the CRE has been merged into the new Commission for Equality and Human Rights.

The Equality and Human Rights Commission in Wales

The purpose of The Equality and Human Rights Commission in Wales is to ensure that the policies and procedures, which are created for the UK, reflect the needs of Wales. It works at reducing inequality, protecting human rights and eliminating discrimination.

In April 2010 the Welsh Language Scheme, which was developed by The Equality and Human Rights Commission in conjunction with the Welsh Language Board, received approval. The Equality and Human Rights Commission in Wales sets out the principle that both the English and Welsh languages will be treated equally (depending on circumstances/practicalities).

FFEITHIAU ALLWEDDOL

Deddf Cysylltiadau Hiliol 1976 a Deddf Cysylltiadau Hiliol (Diwygiadau) 2000 a 2003

Mae'r Ddeddf Cysylltiadau Hiliol yn cydnabod y dylid amddiffyn pob unigolyn rhag gwahaniaethu ym myd cyflogaeth (wrth wneud cais am swydd ac yn y gwaith). Mae'r Ddeddf hefyd yn gwahardd gwahaniaethu ym myd:
- Addysg a hyfforddiant;
- Pob swyddogaeth gyhoeddus (gydag ychydig eithriadau yn unig);
- Tai (wrth rentu, prynu neu werthu).

Mae'r Ddeddf Cysylltiadau Hiliol yn nodi 3 math o wahaniaethu:

1 Gwahaniaethu uniongyrchol – trin person yn llai ffafriol ar sail hiliol, e.e. rheolwr meithrinfa yn dweud wrth riant du nad oes lle i'w blentyn yn y feithrinfa. Mae'n gwneud hyn ar sail lliw croen yn unig;

2 Gwahaniaethu anuniongyrchol – gwahaniaethu'n anfwriadol, e.e. rheolwr meithrinfa yn ysgrifennu llythyr uniaith Gymraeg at rieni, pan nad yw canran uchel o'r rhieni yn rhugl yn Gymraeg;

3 Erledigaeth – trin person yn llai ffafriol oherwydd ei fod, er enghraifft, wedi cyhuddo rhywun o whaniaethu, e.e. gweithiwr allweddol yn colli ei swydd mewn meithrinfa am iddi roi tystiolaeth yn erbyn y rheolwr, a gyhuddwyd o wahaniaethu hiliol.

GWEITHGAREDDAU

Senario ar gyfer trafodaeth grŵp

Mae Anna Le Chaunter wedi'i hyfforddi fel athrawes ysgol gynradd, a chymrodd seibiant o 18 mis yn ei gyrfa i gael ei merch, Nia, sydd bellach yn 16 mis oed. Symudodd Anna i Gymru o Ffrainc saith mlynedd yn ôl a phriodi Gwyndaf. Maen nhw eisiau i Nia fedru sgwrsio yn Gymraeg, Saesneg a Ffrangeg. Bellach mae Anna wedi penderfynu ei bod yn bryd iddi fynd yn ôl i weithio, ac mae'n chwilio am *au pair* i'w merch. Panderfyna osod hysbyseb yn y papurau lleol am *au pair*/mamaeth sy'n medru'r Ffrangeg.

1. A yw hyn yn wahaniaethu uniongyrchol neu anuniongyrchol?

KEY FACTS

The Race Relations Act 1976 and Race Relations (Amendments) Act 2000 and 2003

The Race Relations Act recognises that every individual should be protected against discrimination in employment (when applying for a job and whilst in employment). The Race Relations Act also prohibits race discrimination in:
- Education and training;
- Public functions (with only a few limited exceptions);
- Housing (when renting, buying or selling).

The Race Relations Act identifies 3 types of discrimination:

1 Direct Discrimination – treating a person less favourably on racial grounds, e.g. a nursery manager tells black parents that there are no places available at the nursery for their child. The manager does this solely on the basis of their skin colour;

2 Indirect Discrimination – discriminating without intention, e.g. a nursery manager produces a letter to be sent home to parents through the medium of Welsh only, when a large percentage of the nursery parents are not fluent in Welsh;

3 Victimisation – treating a person less favourably because, for example, that person has made an allegation of discrimination, e.g. a key worker in the nursery is dismissed because she has given evidence against the nursery manager, who has been accused of racial discrimination.

TAKE ACTION

Scenario for group discussion

Anna Le Chaunter is a trained primary school teacher, who has taken an 18-month career break to have her daughter Nia, who is now 16 months old. Anna moved to Wales from France seven years ago and married Gwyndaf. They want Nia to be able to converse in Welsh, English and French. Anna has now decided that she needs to return to work, and is looking for an au pair for her daughter. She decides to place an advert in the local papers for a French-speaking au pair/nanny.

2. Yn eich barn chi, a yw Anna'n euog o wahaniaethu hiliol, gan ei bod yn dymuno cyflogi *au pair*/mamaeth a fydd yn gallu siarad Ffrangeg â'i merch?

3. A yw Anna'n trin ymgeiswyr eraill yn deg?

4. A fydd Anna'n torri'r gyfraith wrth osod yr hysbyseb yn y papur?

1. Is this direct or indirect discrimination?

2. Do you think that Anna is demonstrating racial discrimination, as her wish is to employ an au pair/nanny who will be able to converse in French with her daughter?

3. Is Anna treating other applicants unfairly?

4. Will Anna be breaking the law if she places this advert in the paper?

Deddf Cyflog Cyfartal 1970

Cyflwyniad

Daeth Deddf Cyflog Cyfartal 1970 i rym yn 1975. Ei phrif bwrpas oedd sicrhau bod dynion a menywod yn yr un swyddi yn derbyn cyflog cyfartal wrth wneud:

- Yr un gwaith;
- Gwaith a gyfrifir yn gyfartal yn ôl astudiaeth gwerthuso swydd ddadansoddol;
- Gwaith y profwyd ei fod o werth cyfartal.

Y nod oedd ceisio gwella safle menywod yn y gwaith drwy anghyfreithloni gwahaniaethu rhwng menywod a dynion. Mae Deddf Cyflog Cyfartal 1970 yn ymwneud â

- Recriwtio;
- Dyrchafiad;
- Hyfforddiant;
- Y ffordd y mae gweithwyr yn cael eu trin;
- Diswyddo;
- Colli swydd.

Rhaid i gyflogwyr sicrhau nad ydynt yn gwahaniaethu yn erbyn eu gweithwyr o ran eu cyflog ar sail rhyw neu am eu bod yn briod. Bellach mae gan weithwyr yr hawl i hawlio cyflog cyfartal a gellir gwneud hyn drwy'r system Tribiwnlys Cyflogaeth/Tribiwnlys Diwydiannol. Gellir hawlio yn ystod y cyfnod gwaith neu o fewn chwe mis wedi gadael y swydd (neu'n hwyrach mewn rhai achosion penodol).

Mae'r Ddeddf Cyflog Cyfartal yn berthnasol i fenywod a dynion o bob oedran a hefyd yn cynnwys plant sydd yn ddigon hen i weithio yn gyfreithiol. Mae'r Ddeddf yn ymwneud â gwahaniaethu ar sail rhyw a gwahaniaethu uniongyrchol. Mae'n berthnasol i weithwyr yng Nghymru, yr Alban a Lloegr.

Diwygiwyd y Ddeddf Cyflog Cyfartal yn 1984 ac eto yn 2003. Er 1984 cafwyd sawl datblygiad a diwygiad pellach i ddeddfwriaeth cyflogaeth:

1993 – am y tro cyntaf, gallai unigolion gael iawndal llawn am ddioddef gwahaniaethu. Roedd gwahaniaethu'n gostus, a dechreuodd cyflogwyr ystyried y mater o ddifrif.

1994 – am y tro cyntaf, sicrhawyd cyfnod mamolaeth i bob menyw oedd mewn gwaith yn unol â Deddf Diwygio Undebau Llafur a Hawliau Cyflogaeth.

1998 – cyhoeddodd y Comisiwn Cyfleoedd Cyfartal awgrymiadau i ddiwygio'r Ddeddf Cyflog Cyfartal. Byddai'r rhain yn gorfodi cyflogwyr i arolygu eu gweithlu yn flynyddol o ran rhyw, teitl swydd, graddfa, a chyfraddau cyflog.

1999 – cyhoeddwyd cyfraith newydd yn ymwneud â chyfnod mamolaeth a thadolaeth. Roedd hyn yn caniatáu i

14

Equal Pay Act 1970

Introduction

The Equal Pay Act 1970 came into force in 1975. Its main purpose was to ensure that men and women in the same employment were paid equally when doing:

* The same work;
* Work rated as equivalent under an analytical job evaluation study;
* Work that was proved to be of equal value.

The Act aimed to improve the position of women in employment by making it unlawful to discriminate between men and women. The Equal Pay Act 1970 applies to:

* Recruitment;
* Promotion;
* Training;
* How employees are treated;
* Dismissal;
* Redundancy.

Employers must ensure that they do not discriminate against their employees in relation to their pay on the basis of gender or because they are married. Employees now have the right to claim equal pay and these claims can be pursued through the Employment Tribunal/Industrial Tribunal system. Claims can be made during employment and within six months of leaving employment (or later than this in particular cases).

The Equal Pay Act applies to women and men of any age and it also includes children of legal working age. The Act covers both sex discrimination and direct discrimination. This Act applies to employees in Wales, Scotland and England.

The Equal Pay Act was amended in 1984, and again in 2003. Since 1984, there have been several further developments and amendments to employment legislation:

1993 – for the first time individuals could get full compensation for discrimination. Discrimination became costly and employers took it seriously.

1994 – for the first time, maternity leave was guaranteed to every working woman in accordance with the Trade Union Reform and Employment Rights Act.

1998 – proposals were published by the Equal Opportunities Commission to amend the Equal Pay Act. It required employers to monitor their workforce annually in terms of gender, job title or grade, and rates of pay.

1999 – a new law on parental leave was issued. This enabled both men and women to take up to 13 weeks off to

ddynion a menywod gymryd hyd at 13 wythnos i ffwrdd o'r gwaith i ofalu am blant dan bump oed.

2002 – cyhoeddwyd Cod Ymarfer Cyfleoedd Cyfartal ar Gyflog Cyfartal. Cyhoeddwyd pecyn Adolygu Cyflog Cyfartal i fusnesau bach a chanolig.

2004 – Yn ôl y Mesur Cydraddoldeb roedd yn rhaid i awdurdodau cyhoeddus ddileu gwahaniaethu ar sail rhyw a hybu cyfleoedd cyfartal i ddynion a menywod.

2005 – Dathlodd y Comisiwn Cyfleoedd Cyfartal ei benblwydd yn 30 oed.

2007 – Daeth y Dyletswydd i Sicrhau Cydraddoldeb Rhyw a'r Ddeddf Cydraddoldeb yn ei chyfanrwydd i rym ym mis Ebrill. O ganlyniad, rhaid i bob corff yn y sector gyhoeddus a'r sector breifat, yn ogystal â mudiadau gwirfoddol ac elusennau sy'n darparu gwasanaethau cyhoeddus, ystyried rhyw wrth ddarparu gwasanaethau cyflogaeth a chyflenwi gwasanaethau.

Yn 1978, pasiwyd y **Ddeddf Amddiffyn Cyflogaeth (Cyfnerthu)**, a oedd hefyd yn ceisio amddiffyn hawliau gweithwyr. Dan y ddeddf hon, mae gan fenyw yr hawl i beidio â cholli ei swydd dim ond am ei bod yn feichiog, na chwaith am reswm cysylltiedig, e.e. erthyliad naturiol (oni bai bod y cyflogwr yn gallu profi na ddigwyddodd). Sicrhaodd hefyd bod menyw yn gallu dychwelyd i'r gwaith ar ôl cyfnod mamolaeth gyda thâl, ar yr amod ei bod yn rhoi dyddiad dychwelyd arfaethedig i'r cyflogwr.

Deddf Cydraddoldeb 2010

Daeth Deddf Cydraddoldeb 2010 i rym ym mis Hydref 2010. Ei phrif amcanion oedd atgyfnerthu'r amddiffyniad yn erbyn gwahaniaethu. Roedd y Ddeddf hon yn cywasgu deddfwriaethau eraill ar wahaniaethu, gan gynnwys **Deddf Cyflog Cyfartal 1970, Deddf Cysylltiadau Hiliol 1976, Deddf Gwahaniaethu ar Sail Rhyw 1975, Deddf Gwahaniaethu ar Sail Anabledd 1995, Rheoliadau Cydraddoldeb Cyflogaeth 2003 a 2006 (Crefydd neu Gred, Gogwydd Rhywiol, Oedran), Deddf Cydraddoldeb 2006 a Rholiadau'r Ddeddf Cydraddoldeb (Gogwydd Rhywiol) 2007**.

Daeth y ddarpariaeth cyflog cyfartal o fewn y Ddeddf i rym ar 1 Hydref 2010. Mae'r darpariaethau hyn yn debyg i rai Deddf Cyflog Cyfartal 1970. Yn ôl Deddf Cydraddoldeb 2010 ystyrir bod gan ddynion a menywod sy'n gwneud yr un gwaith, neu waith a ystyrir i fod o'r un gwerth, yr hawl i gyflog cyfartal. Rhaid i bob cytundeb waith drin dynion a menywod yr un peth o ran telerau ac amodau gwaith. Datblygodd a chyflwynodd Llywodraeth Cymru ddyletswyddau penodol ar gyfer awdurdodau cyhoeddus rhestredig yng Nghymru. Enwir rhain yn Rheoliadau'r Ddeddf Cydraddoldeb (Dyletswyddau Statudol) (Cymru), a ddaeth i rym ar 6 Ebrill 2011.

care for children under five years old.

2002 – a new Equal Opportunities Commission Code of Practice on Equal Pay was published. The Equal Pay Review Kit for Small/Medium-sized Businesses was published.

2004 – the Equality Bill placed an obligation on public authorities to eliminate sex discrimination and promote equality of opportunity between women and men.

2005 – the Equal Opportunities Commission celebrated its 30th Birthday.

2007 – the Gender Equality Duty and the Equality Act as a whole came into force in April 2007. As a result, all public sector bodies and private sector, voluntary or charity organizations providing public services were required to take gender into consideration when providing employment services and service provision.

In 1978 the **Employment Protection (Consolidation) Act** came into force, also aiming to protect the rights of employees. Under this Act, a female had the right not to be dismissed simply because of pregnancy, or for any other related reason, e.g. miscarriage (unless the employer can prove otherwise). It also ensured that women could return to work after paid maternity leave, having notified the employer of the expected return date.

Equality Act 2010

The Equality Act 2010 came into effect in October 2010. Its main aims were to strengthen protection against discrimination. This Act condensed other discrimination legislation, which included the **Equal Pay Act 1970**, the **Race Relations Act 1976**, the **Sex Discrimination Act 1975**, the **Disability Discrimination Act 1995, Employment Equality Regulations 2003 & 2006 (Religion or Belief, Sexual Orientation, Age), Equality Act 2006**, and the **Equality Act (Sexual Orientation) Regulations 2007**.

The Equal Pay provision within the Act came into force on 1 October 2010. These provisions are similar to those of the Equal Pay Act 1970. According to the Equality Act 2010 men and women who carry out equal work and their work is rated as of equal value are entitled to equal pay. All employment contracts must demonstrate equal treatment in the terms and conditions to both men and women. The Welsh Government developed and introduced specific duties for listed public authorities in Wales. These are set out in the Equality Act (Statutory Duties) (Wales) Regulations, which came into force on 6 April 2011.

FFEITHIAU ALLWEDDOL

Deddf Cyflog Cyfartal 1970

- Mae Deddf Cyflog Cyfartal 1970 yn rhoi'r hawl i unigolyn sy'n gweithio yn ôl yr un cytundeb dderbyn yr un fraint a chyflog â rhywun o'r rhyw arall.
- Cyflwynwyd Deddf Cyflog Cyfartal 1970 am fod nifer cynyddol o fenywod, ar ddiwedd yr 1960au a dechrau'r 1970au, wedi penderfynu ymuno â'r gweithlu.
- Mae Deddf Cyflog Cyfartal 1970 yn sicrhau bod dynion a menywod yn gallu osgoi gwahaniaethu a chyflog isel yn y gwaith.
- Daeth y Dyletswydd Cydraddoldeb Rhyw i rym ym mis Ebrill 2007, gan olygu bod gorfodaeth gyfreithiol ar y sector gyhoeddus i hybu cydraddoldeb rhwng dynion a menywod.

Daeth y Ddeddf Cydraddoldeb 2010 i rym ar 1 Hydref 2010. Mae'n ymwneud â naw nodwedd a ddiogelir, gan gynnwys oedran, anabledd, priodas a phartneriaeth sifil, beichiogrwydd a mamolaeth, hil, ailgyfeirio rhyw, crefydd a chred, rhyw, gogwydd rhywiol.

GWEITHGAREDDAU

Senario ar gyfer trafodaeth grŵp

1. Mae siopwr yn hysbysebu am ddau aelod newydd o staff. Caiff Elan a Llŷr eu hapwyntio ar yr un diwrnod. Cynigir £5.90 yr awr i Elan a £6.20 yr awr i Llŷr am wneud yr un gwaith a'r un oriau.

2. Mae Emyr wedi bod yn gweithio ym Meithrinfa Bysedd Bach ers tair blynedd. Caiff swydd Gweithiwr Allweddol gyda'r grŵp 18-24 mis ei hysbysebu'n fewnol, ac mae'n penderfynu ceisio amdani. Mae Sioned yn ceisio am yr un swydd a hi yw'r ymgeisydd llwyddiannus. Mae Emyr yn gofyn i'r rheolwr pam y cafodd Sioned y swydd, gan ei bod newydd gymhwyso ac nad oes ganddi brofiad o'r ystod oedran hwn. Dywed y rheolwr ei bod yn rhatach i'w chyflogi gan ei bod yn fenyw.

3. Bu Julie'n gweithio mewn cartref preswyl lleol ers dros ddeng mlynedd. Priododd yn ddiweddar ac erbyn hyn mae hi'n disgwyl ei phlentyn cyntaf. Mae'n mynd at y rheolwr i ddweud wrthi ei bod yn feichiog a'i bod yn gobeithio gweithio hyd at y mis cyn y genedigaeth. Nid yw'r rheolwr yn ei llongyfarch ac mae ei hagwedd yn negyddol iawn – dywed ei bod yn siomedig gan y bydd yn rhaid iddi dalu Julie yn ystod ei chyfnod mamolaeth yn ogystal â chyflogi rhywun yn ei lle. Mae hyd yn oed yn gofyn a fyddai Julie yn ystyried ymddiswyddo.

KEY FACTS

Equal Pay Act 1970

- The Equal Pay Act 1970 gives an individual who is working to the same contractual agreement the rights to the same benefit and pay as someone of the opposite sex.
- The Equal Pay Act 1970 was introduced because of the rising number of women in the late 1960s and early 1970s deciding to join the workforce.
- The Equal Pay Act 1970 ensures that both men and women can avoid discrimination and low pay at work.
- The Gender Equality Duty came into force in April 2007, meaning that the public sector is legally bound to promote equality between men and women.

The Equality Act 2010 came into force on 1 October 2010. It covers nine protected characteristic, which include age, disability, marriage and civil partnership, pregnancy and maternity, race, gender reassignment, religion and belief, sex, sexual orientation.

TAKE ACTION

Scenarios for group discussions

1. A shopkeeper is advertising for two new members of staff. Elan and Llŷr are appointed on the same day. Elan is offered £5.90 per hour and Llŷr is offered £6.20 per hour for doing the same work and the same hours.

2. Emyr has been working at 'Meithrinfa Bysedd Bychain' for the past three years. The post of a Key Worker for the 18-24 months age group is being internally advertised, and he decides to apply for it. Sioned also applies for the post, and she is the successful candidate. Emyr approaches the Manager to ask why Sioned was appointed, as she is newly qualified and has no previous experience with this age range. The Manager explains that she is cheaper to employ, as she is a woman.

3. Julie has worked in a local residential home for over ten years. She has recently married and is now expecting her first child. She goes to see the Manager to tell her that she is pregnant and that she hopes to work until the month before the baby is due. The Manager does not congratulate her, and takes a very negative attitude to the news – she says that she is disappointed as she will now be required to pay Julie during her maternity leave as well as having to employ someone else. The Manager even asks if Julie will consider resigning from her post.

Deddf Gwahaniaethu ar Sail Rhyw 1975 ac 1986

Cyflwyniad

Yn ôl Deddf Gwahaniaethu ar Sail Rhyw (SDA) 1975, mae gwahaniaethu yn erbyn unigolyn ar sail rhyw a phriodas yn anghyfreithlon. Mae'r ddeddfwriaeth yn hyrwyddo cydraddoldeb rhywiol o fewn:

- Cyflogaeth, e.e. recriwtio, cyflog, telerau ac amodau gwaith, diswyddo;
- Addysg a hyfforddiant;
- Hysbysebu;
- Darpariaeth nwyddau, gwasanaethau a chyfleusterau tai.

Gall gwahaniaethu ar sail rhyw ddigwydd yn uniongyrchol ac yn anuniongyrchol:

- **Uniongyrchol** – trin unigolyn yn wahanol oherwydd ei ryw, e.e. trin menyw yn llai ffafriol am ei bod hi'n feichiog. Mae mynnu bod gweithwyr gwrywaidd dros chwe throedfedd a gweithwyr benywaidd dros 5 troedfedd yn enghraifft o wahaniaethu uniongyrchol. Drwy wrthod swydd i ddyn 5 troedfedd a 6 modfedd, bydd y cyflogwr yn euog o wahaniaethu uniongyrchol.

- **Anuniongyrchol** – er bod y ddau ryw yn cael eu hystyried ar gyfer swydd, mae un rhyw yn cymryd blaenoriaeth dros y llall, e.e. pan fydd disgrifiad swydd ar gyfer swydd wag yn gwahaniaethu yn erbyn y naill ryw neu'r llall. Mae mynnu bod gweithwyr i gyd dros chwe throedfedd yn enghraifft o wahaniaethu anuniongyrchol ar sail rhyw, gan y bydd mwy o fenywod nag o ddynion yn methu ag ateb yr amod hwn.

Diwygiwyd Deddf Gwahaniaethu ar Sail Rhyw 1975 yn 1986 er mwyn dileu pob gwahaniaethu o fewn cwmnïau bach, tai preifat a chyflogaeth, a dilëwyd gwahaniaethu yn yr oed ymddeol. Cafodd ei diwygio eto yn 2008 i gynnwys aflonyddu a gwahaniaethu ar sail beichiogrwydd neu gyfnod mamolaeth.

Os yw Tribiwnlys Diwydiannol yn cael cyflogwr yn euog o wahaniaethu dan y Ddeddf Gwahaniaethu ar Sail Rhyw:

- Bydd y Tribiwnlys yn argymell camau i'w cymryd o fewn y cwmni i wella'r sefyllfa;
- Caiff y cyflogwr ei orfodi i dalu iawndâl i'r sawl a wnaeth y gwyn am y golled a'r niwed a ddioddefwyd o ganlyniad i'r gwahaniaethu. Gallai hyn fod yn swm sylweddol.

Mae'n rhaid i gyflogwyr sicrhau bod polisïau a gweithdrefnau mewn lle i atal gwahaniaethu. Mae'r polisïau a'r gweithdrefnau hyn yn cynnwys recriwtio, hyfforddiant a datblygiad, cyflog cyfartal, dyrchafiad, aflonyddu a bwlio, cwynion ac achwynion, disgyblaeth ac ati.

Sex Discrimination Act 1975 and 1986

Introduction

The Sex Discrimination Act (SDA) 1975 makes it unlawful to discriminate against an individual on the grounds of gender and marriage, and promotes sexual equality within:

- Employment, e.g. recruitment, pay, employment terms and conditions, redundancy;
- Education and training;
- Advertising;
- Provision of housing goods, services and facilities.

Sex discrimination can happen both directly and indirectly:

- **Directly** – treating an individual differently because of their gender, e.g. treating a woman less favourably because she is pregnant. An example of a direct claim is the requirement that all male workers should be over 6 feet tall, and all female workers over 5 feet. A male applicant of 5 feet 6 inches who is therefore refused a job has suffered direct discrimination.

- **Indirectly** – although both sexes are considered for a post, one sex dominates the other, e.g. when the job description for a vacant post discriminates against either gender. An example of indirect sex discrimination is the requirement that all employees should be over 6 feet tall, making women disproportionately less likely to meet this requirement.

The Sex Discrimination Act 1975 was amended in 1986 to ensure that discrimination within small firms, private households and employment, and discrimination at the age of retirement, was abolished. It was amended again in 2008 to include harassment and discrimination on the grounds of pregnancy or maternity leave.

If an employer is found guilty of discrimination by an Industrial Tribunal under the Sex Discrimination Act:

- The Tribunal will make recommendations for steps to be taken in the company to remedy the situation;
- The employer will be ordered to pay compensation to the complainant for loss and injury suffered as a consequence of the discrimination that has occurred. This could be a significant amount of money.

Employers need to ensure that their policies and procedures are in place in order to prevent discrimination. These policies and procedures include recruitment, training and development, equal pay, promotion, harassment and bullying, complaints and grievances, discipline etc.

Ers i **Ddeddf Partneriaeth Sifil 2004** ddod i rym ym mis Rhagfyr 2005, diogelir pobl sydd mewn partneriaeth sifil yn yr un modd â phobl briod. Mae hysbysebion sy'n gwahaniaethu hefyd yn anghyfreithlon, ond y Comisiwn Cyfleoedd Cyfartal yn unig a all weithredu yn erbyn hysbysebwyr.

Deddf Cydraddoldeb 2010

Daeth y Ddeddf Cydraddoldeb newydd i rym ym mis Hydref 2010, gan ddisodli unrhyw ddeddfwriaeth cydraddoldeb flaenorol yng Nghymru, Lloegr a'r Alban.

Mae cyfanswm o naw set o reoliadau wedi'u cynnwys yn Neddf Cydraddoldeb 2010, gan gynnwys Deddf Gwahaniaethu ar Sail Rhyw 1975. Yn ôl Deddf Cydraddoldeb 2010 mae gan ddynion a menywod sy'n gwneud yr un gwaith, neu waith a ystyrir i fod o'r un gwerth, yr hawl i gyflog cyfartal. Dywed y Ddeddf ei bod hi'n anghyfreithlon gwahaniaethu yn erbyn gweithiwr ar sail rhyw.

Yn unol â dyfarniad a wnaed gan y Llys Cyfiawnder Ewropeaidd, o 21 Rhagfyr 2012 nid oes gan gwmnïau yswiriant yr hawl i ddefnyddio rhyw fel ffactor wrth gyfrifo buddion a phremiwm yswiriant.

FFEITHIAU ALLWEDDOL

Deddf Gwahaniaethu ar Sail Rhyw 1975 ac 1986

- Mae gwahaniaethu ar sail rhyw yn anghyfreithlon ac yn achos hysbysebu gwhaniaethol mae gan bobl yr hawl i weithredu.
- Mae yna eithriadau cyffredinol pan nad yw gwahaniaethu yn anghyfreithlon, e.e. yn achos chwaraeon pan fydd dynion a menywod yn cystadlu yn yr un gamp lle gallai menyw fod dan anfantais o gymharu â dyn, oherwydd cryfder corfforol; o fewn mudiadau gwirfoddol pan fydd elusen yn darparu gwasanaeth i un rhyw yn unig, e.e. Cymorth i Ferched.
- Mae'r Ddeddf Gwahaniaethu ar Sail Rhyw yn nodi sawl math o wahaniaethu ar sail rhyw, er enghraifft:
a) Gwahaniaethu uniongyrchol;
b) Gwahaniaethu anuniongyrchol;
c) Gwahaniaethu uniongyrchol ar sail priodas, e.e. pan fydd cyflogwr yn anwybyddu pob cais am swydd mewn lleoliad gofal plant oddi wrth pobl briod;
ch) Gwahaniaethu anuniongyrchol ar sail priodas, e.e. pan fydd hysbyseb swydd mewn lleoliad gofal plant yn

Since the **Civil Partnership Act 2004** came into force in December 2005, the same protection is offered to those in a civil partnership as to those who are married. Discriminatory advertisements are also unlawful, but only the Equal Opportunities Commission can take action against advertisers.

Equality Act 2010

The new Equality Act came into force in October 2010 and has replaced all previous equality legislation in Wales, Scotland and England.

In total nine sets of regulations are included in the Equality Act 2010, which includes the Sex Discrimination Act 1975. According to the Equality Act 2010 men and women who carry out equal work and their work is rated as being of equal value/equivalence are entitled to equal pay. The Act states that it is unlawful for an employer to discriminate against an employee because of their sex.

In accordance to a ruling by the European Court of Justice, from 21 December 2012, insurance companies are no longer allowed to use gender as a factor when they calculate benefits and premiums.

KEY FACTS

Sex Discrimination Act 1975 and 1986

- Sex discrimination is unlawful and in cases such as discriminatory advertising people are within their rights to take action.
- There are general exceptions to when sex discrimination is not unlawful, e.g. in sport when both men and women are competing in an activity in which a woman may be at a disadvantage in comparison with a man, due to physical strength; in voluntary organizations when a charity is providing a service to one sex only, e.g. Women's Aid.
- The Sex Discrimination Act identifies many types of sexual discrimination, for example:
a) Direct discrimination;
b) Indirect discrimination;
c) Direct marriage discrimination, e.g. when an employer disregards all applications for posts in a childcare setting from people who are married;
d) Indirect marriage discrimination, e.g. when an advertisement for a post in a childcare setting clearly states that an applicant must not have children of pre-school age;

nodi'n glir na ddylai ymgeisydd fod â phlant o oed cyn ysgol;

d) Erledigaeth, e.e. pan fydd rheolwr yn trin aelod o staff benywaidd yn wahanol i'r staff gwrywaidd mewn lleoliad gofal/cartref nyrsio.

Nid yw'r SDA yn cynnwys unrhyw ddarpariaeth ar gyfer aflonyddu rhywiol. Fodd bynnag, mae aflonyddu rhywiol yn ffurf o wahaniaethu uniongyrchol; caiff ei ystyried yn fater difrifol ac yn ffynhonnell diflastod a gofid i'r pobl sy'n dioddef a'u teuluoedd.

Mae Deddf Gwarchod rhag Aflonyddu 1997 yn gwarchod unigolion rhag aflonyddu ac ymddygiad o'r fath. Pasiwyd y ddeddfwriaeth er mwyn mynd i'r afael â phroblem 'stelcio', ond fe'i defnyddir hefyd i amddiffyn pobl sydd wedi dioddef aflonyddu rhywiol difrifol. Nid yw'r ddeddf yn diffinio aflonyddu, ond mae'n glir yn y ddeddf bod peri ofn neu bryder i rywun yn gallu cael ei gyfrif yn aflonyddu.

GWEITHGAREDDAU

Trafodwch y Senarios canlynol

1. Cynlluniwch adran o fewn polisi gwrth-wahaniaethu i amlinellu'r dulliau gweithredu y dylid eu mabwysiadu mewn achos o wahaniaethu ar sail rhyw mewn lleoliad gofal. Dylai'r adran esbonio sut y mae'n anghyfreithlon gwahaniaethu yn erbyn unigolyn ar sail rhyw a phriodas.

2. Esboniwch pwy fyddai'n gweithredu'r adran hon yn y polisi, sut y byddai'n cael ei gweithredu'n effeithiol a sut y byddech yn ei monitro, ei hadolygu a'i gwerthuso.

3. Nodwch ble a sut mae'r polisi'n gysylltiedig â Deddf Gwahaniaethu ar Sail Rhyw 1975/Deddf Cydraddoldeb 2010.

e) Victimisation, e.g. when a manager treats all female staff differently from the male staff at a nursing home/care setting.

The SDA does not contain any express provisions in relation to sexual harassment. However, sexual harassment is a form of direct discrimination; it is recognised as a serious issue and the source of much misery and distress for victims and their families.

The Protection from Harassment Act 1997 protects individuals from harassment and similar conduct. It was passed for the purpose of dealing with 'stalking', but it is also used to protect victims of serious sexual harassment. The Act does not define harassment, although it makes clear that alarming a person or causing a person distress may constitute harassment.

 TAKE ACTION

Discuss the following scenarios

1. Design a section in an Anti-discrimination policy to outline the procedures that should be undertaken when sexual discrimination is identified in a care setting. The section must explain how it is unlawful to discriminate against an individual on the grounds of gender and marriage.

2. Explain who would implement this section in the policy, how it would be implemented effectively and how you would monitor, review and evaluate it.

3. Annotate where and how this links with the Sex Discrimination Act 1975/Equality Act 2010.

Deddf Gwahaniaethu ar Sail Anabledd 1995

Cyflwyniad

Hyd 1995 nid oedd y gyfraith yn amddiffyn pobl anabl. Mae Deddf Gwahaniaethu ar Sail Anabledd 1995 yn rhoi hawliau i bobl anabl o ran:

- Prynu neu rentu tir neu eiddo;
- Mynediad i nwyddau, cyfleusterau a gwasanaethau;
- Cyflogaeth;
- Addysg;
- Cludiant

Ceisiai Deddf Gwahaniaethu Anabledd 1995 ddod â gwahaniaethu yn erbyn pobl anabl i ben drwy roi gwybodaeth berthnasol iddynt a'u helpu i sicrhau triniaeth decach o ran darpariaeth nwyddau, gwasanaethau, cyflogaeth, addysg, cludiant a thai (prynu neu rentu tir neu eiddo, gan gynnwys hwyluso'r broses o rentu tai i bobl anabl gan roi hawl i denantiaid addasu'r tŷ i'w dibenion nhw fel pobl anabl).

Bellach mae'r ddeddfwriaeth hon wedi'i hymestyn yn sylweddol ac mae gofyn i gyrff cyhoeddus hybu cyfleodd cyfartal i bobl anabl. Mae hefyd yn caniatáu i'r llywodraeth osod safonau cyffredinol fel y gall pobl anabl ddefnyddio trafnidiaeth gyhoeddus yn hwylus.

Yn ôl Deddf Cydraddoldeb 2010, ystyrir bod person yn anabl *'os oes ganddynt ddiffyg corfforol neu feddyliol sy'n cael effaith negyddol 'sylweddol' a 'hirdymor' ar eu gallu i wneud gweithgareddau normal dydd-i-ddydd.'*

Deddf Gwahaniaethu ar Sail Anabledd 2005

Yn ôl Deddf Gwahaniaethu ar Sail Anabledd 2005 mae'n ddyletswydd ar bob corff cyhoeddus, e.e. adrannau'r llywodraeth, cynghorau lleol, ysbytai ac ati, i hybu cydraddoldeb ar sail anabledd ac i hybu cyfleoedd cyfartal ar gyfer pobl anabl. Mae'r Ddeddf hefyd yn rhoi hawliau newydd i bobl sydd â chyflyrau iechyd difrifol, sy'n golygu na all mudiadau na chyflogwyr drin pobl sydd â'r cyflyrau hyn yn annheg.

Yn ôl Deddf Gwahaniaethu ar Sail Anabledd 2005 roedd hi'n ofynnol i bob sefydliad addysgol wneud newidiadau rhesymol i'w hadeiladau i sicrhau mynediad cyfartal i fyfyrwyr anabl. Roedd hi'n ofynnol i bob sector cyhoeddus adolygu eu polisïau, dulliau gweithredu, ymarferion a'r gwasnaeth a gynigiwyd ganddynt i bobl anabl.

Comisiwn Hawliau'r Anabl

Yn 2000 disodlwyd y Cyngor Anabledd Cenedlaethol gan Gomisiwn Hawliau'r Anabl. Roedd gan y Cyngor Anabledd Cenedlaethol y grym i gynghori pobl ar

Disability Discrimination Act 1995

Introduction

Until 1995 there was no legal protection covering those who have a disability. The Disability Discrimination Act 1995 provides disabled people with rights in the areas of:

- Buying or renting land or property;
- Access to goods, facilities and services;
- Employment;
- Education;
- Transport.

The Disability Act 1995 aimed to end discrimination against disabled people by providing them with relevant information and helping them achieve fairer treatment in the provision of goods, services, employment, education, transport and housing (buying or renting land or property, including making it easier for disabled people to rent property and for tenants to make disability-related adaptations).

This Act has been significantly extended and now requires public bodies to promote equality of opportunity for disabled people. It also allows the government to set minimum standards so that disabled people can use public transport easily.

According to the **Equality Act 2010** a person would be considered as being disabled *'if they have a physical or mental impairment that has a 'substantial' and 'long-term' negative effect on their ability to carry out normal daily activities.'*

Disability Discrimination Act 2005

The Disability Discrimination Act 2005 placed a duty on all public bodies, e.g. government departments, local councils, hospitals etc. to actively promote disability equality and to promote equality of opportunity for disabled people. The Act also gave people with serious health conditions new legal rights, which means that organizations and employers cannot unfairly treat people with these conditions.

In accordance with the Disability Discrimination Act 2005 all educational institutions were required to make reasonable changes to their premises to ensure equal access to disabled students. All public sectors were required to review their policies, procedures, practices and the service that they offered to disabled people.

The Disability Rights Commission

In 2000 the Disability Rights Commission replaced the National Disability Council. The National Disability Council only had the power to advise people on their

eu hawliau yn unig, ond mae gan Gomisiwn Hawliau'r Anabl rymoedd gorfodi.

Mae Comisiwn Hawliau'r Anabl yn gorff annibynnol sy'n ceisio:
- Dileu gwahaniaethu yn erbyn pobl anabl;
- Hybu cyfleoedd cyfartal;
- Annog arfer da o ran trin unigolion ag anableddau.

Ar 28 Medi 2007 caewyd Comisiwn Hawliau'r Anabl. Bellach y Comisiwn Cydraddoldeb a Hawliau Dynol sy'n gyfrifol am sicrhau bod pobl anabl yn derbyn eu hawliau sifil.

Comisiwn Cydraddoldeb a Hawliau Dynol yng Nghymru

Mae'r Comisiwn Cydraddoldeb a Hawliau Dynol yng Nghymru yn gweithio tuag at ddileu gwahaniaethu, diogelu hawliau dynol, lleihau anghydraddoldeb a hybu cydraddoldeb a hawliau dynol i bawb. Mae hefyd yn ceisio sicrhau bod gan bawb gyfle cyfartal i chwarae rhan weithredol o fewn cymdeithas.

Deddf Cydraddoldeb 2010

Prif amcanion Deddf Cydraddoldeb 2010 oedd cydgyfnerthu deddfwriaeth gwahaniaethu, atal gwahaniaethu ar sail anabledd ac amddiffyn pobl anabl mewn meysydd fel cyflogaeth a hyfforddiant,

myndediad i nwyddau, addysg ac ati. Mae'r Ddeddf hefyd yn amddiffyn unigolion sy'n gysylltiedig â pherson anabl, e.e. drwy waith, fel perthynas ac ati.

Deddf Gofalwyr a Phlant Anabl 2000

Daeth prif ddarpariaeth y Ddeddf hon i rym ym mis Gorffennaf 2001. Mae'r Ddeddf wedi rhoi i ofalwyr yr hawl i ofyn am asesiad o'u hanghenion ac wedi rhoi i'r awdurdodau lleol y grym i ddarparu'r gwasanaethau angenrheidiol (gan gynnwys tâl) i ofalwyr fel y gallant gefnogi a chynnal yr unigolion sydd yn eu gofal yn y modd gorau posibl.

FFEITHIAU ALLWEDDOL

Deddf Gwahaniaethu ar Sail Anabledd 1995

- Rhaid i bobl sy'n darparu gwasanaethau i'r cyhoedd beidio â darparu gwasanaeth sy'n llai ffafriol i bobl ag anableddau.

- Mae'n anghyfreithlon i gyflogwr wahaniaethu yn erbyn ymgeisydd am swydd neu weithiwr sydd â diffyg corfforol neu feddyliol.

rights, whereas the Disability Rights Commission had enforcement powers.

The Disability Rights Commission is an independent body that aims to:
- Eliminate discrimination against disabled people;
- Promote equal opportunities;
- Encourage good practice in the treatment of individuals who have disabilities.

On 28 September 2007 the Disability Rights Commission was closed. The responsibility to ensure that disabled people are now entitled to their civil rights lies with the Equality and Human Rights Commission.

Equality and Human Rights Commission in Wales

The Equality and Human Rights Commission in Wales works towards eliminating discrimination, protecting human rights, reducing inequality and promoting both equality and human rights for all. It also aims to ensure that every individual has an equal opportunity to play an active part in society.

Equality Act 2010

The main aims of the Equality Act 2010 was to consolidate discrimination legislation, to prevent disability discrimination and to protect disabled

people in areas such as employment and training, access to goods, education etc. The Act also protects individuals who are associated with a disabled person, e.g. through work, as a relative etc.

Carers and Disabled Children Act 2000

The main provisions of this Act came into force in July 2001. This Act has given carers the right to request an assessment of their needs and it has given local authorities the power to provide these carers with the services (including payments) that they need in order for them to provide the individuals they care for with the best possible support and attention.

KEY FACTS

Disability Discrimination Act 1995

- People who provide services to the public must not provide a service that is less favourable to people who have disabilities.

- It is unlawful for an employer to discriminate against a job applicant or employee who has a physical or mental impairment.

- Bellach, rhaid i bob cyflogwr ystyried sut i addasu o fewn rheswm er mwyn i'w amodau gwaith, polisïau a dulliau recriwtio fedru croesawu pobl sydd â diffyg corfforol neu feddyliol.

 ## GWEITHGAREDDAU

Senario ar gyfer trafodaeth grŵp

Mae Gareth yn 19 oed. Mae e mewn cadair olwyn ac mae ei leferydd yn aneglur o ganlyniad i gymhlethdodau yn ystod ei enedigaeth. Mae'n mynychu penwythnos preswyl gyda phobl ifanc eraill. Mae gan y mwyafrif ohonynt anableddau er bod pobl ifanc heb anableddau yn mynychu'r penwythnos hefyd. Gweithiwr gofal yw Trystan, ac ef yw prif ofalwr Gareth dros y ddau ddiwrnod.

Mae'r grŵp yn cwrdd i drefnu a chynllunio gweithgareddau'r penwythnos. Yn sydyn, mae Gareth eisiau mynd i'r tŷ bach: mae'n tynnu sylw Trystan drwy amneidio, gan gyfleu ei fod eisiau gadael yr ystafell. Mae Trystan yn ceisio annog Gareth i siarad mwy o flaen pobl eraill ac yn dweud, "Gareth, hoffet ti awgrymu rhywbeth?" Mae Gareth yn rhy swil i siarad a dywed Trystan na fydd e'n gallu cymryd rhan ym mhob gweithgaredd gan ei fod yn "sownd yn y gadair olwyn yna".

Unwaith eto, mae Gareth yn ceisio cyfleu i Trystan ei fod eisiau gadael yr ystafell, ond mae Trystan yn ei anwybyddu. Ymhen yuchydig, mae Gareth wedi gwlychu'i hun. Mae Trysan yn ymddangos yn grac ac yn ei wthio o'r ystafell, gan ddweud yn uchel, "Beth sy'n bod arnat ti? Dyma'r ail dro i hyn ddigwydd: gwlychais ti'r gwely bore yma, a nawr hyn!"

1. Trafodwch agweddau negyddol profiad Gareth. Oes unrhyw agweddau cadarnhaol yn y profiad hwn?

2. Awgrymwch dri gweithgaredd y gallai'r bobl ifanc i gyd, gan gynnwys Gareth, gymryd rhan ynddynt yn ystod y penwythnos. Esboniwch sut y byddai pob gweithgaredd yn helpu Gareth i deimlo'i fod yn rhan o bethau.

3. Yn eich tyb chi, sut y mae Gareth yn teimlo ar ddiwedd y penwythnos yma i ffwrdd? Ydych chi'n meddwl y bydd yn mynd i ffwrdd eto? Sut y bydd profiadau'r penwythnos yn effeithio ar ei hunan-barch?

4. Trafodwch sut yr anwybyddwyd egwyddorion y ddeddfwriaeth yn y senario hwn. Ail-ysgrifennwch y senario, gan gymhwyso egwyddorion y Ddeddf Gwahaniaethu ar Sail Anabledd: sut y byddai agwedd Trystan yn newid? Beth fyddai'n ei wneud yn wahanol y tro hwn? Sut y byddai'n ymateb i Gareth?

- All employers now have to consider what reasonable adjustments they need to make to their employment conditions and recruitment policies and procedures, in order to accommodate people who they know to have a disability.

 TAKE ACTION

Scenario for group discussion

Gareth is 19 years old. He is in a wheelchair and has slurred speech, due to various complications at birth. He is attending a residential weekend with other young people, most of whom have disabilities, although able-bodied young people are also attending the weekend away. Trystan is a care worker, and is Gareth's main carer for the two days.

The group meet to arrange and plan activities for the weekend. Gareth suddenly needs to go to the toilet: he gains Trystan's attention by moving his head, and indicates that he wants to leave the room. Trystan, who is trying to encourage Gareth to speak more in public, says, "Gareth, have you got something you'd like to suggest?" Gareth is too embarrassed to speak and Trystan says that Gareth won't be able to participate in

all activities because he is "stuck in that wheelchair".

Gareth again tries to indicate to Trystan that he wants to leave the room, but Trystan ignores him. In a little while Gareth has wet himself. Trystan seems to be annoyed and wheels him from the room, saying loudly, "What's wrong with you? This is the second time this has happened: first you wet the bed this morning, and now this!"

1. Discuss the negative aspects of Gareth's experience. Are there any positive aspects to this experience?

2. Suggest three activities that all of the young people, including Gareth, could participate in during this weekend. Explain how each activity would promote inclusion.

3. How do you think Gareth feels after this weekend away? Do you think that he will go away again? How will this weekend's experiences affect Gareth's self-esteem?

4. Discuss how the principles of the Act have not been adhered to in this scenario. Re-write the scenario, applying the Disability Discrimination Act's principles: how would Trystan's attitude change? What would he do differently? How would he react to Gareth?

Deddf Pobl Anabl 1944-1986
Deddf y Cleifion a'r Anabl Cronig 1970
Deddf Gofalwyr a Phlant Anabl 2000
Ddeddf Gofalwyr (Cyfleoedd Cyfartal) 2004

Cyflwyniad

Deddfau Pobl Anabl (Cyflogaeth) 1944 ac 1958 oedd y darnau deddfwriaeth cyntaf i fynd i'r afael ag anghenion penodol pobl anabl ac i helpu gwella hawliau cyflogaeth a chyfleoedd pobl ag anableddau ac anawsterau. Pe bai cwmni yn cyflogi dros 20 o bobl, byddai'n ddyletswydd ar y cyflogwr i sicrhau bod o leiaf 3% o'r gweithlu yn 'anabl'.

Mae **Deddf Pobl Anabl (Gwasanaethau, Ymgynghori a Chynrychioli) 1986** yn cryfhau darpariaeth Deddf y Cleifion a'r Anabl Cronig 1970 gan fynnu bod Awdurdodau Lleol yn asesu gwahanol ofynion pobl anabl ac yn ceisio ateb y gofynion, cadw golwg arnynt a'u hadolygu.

Mae gwasanaethau yn cynnwys:
- Help yn y cartref;
- Cyfleusterau hamdden y tu allan i'r cartref;
- Cymorth wrth deithio i'r cyfleusterau hyn;
- Darparu cymhorthion ac addasiadau;
- Gwyliau, prydau bwyd, ffonau ac ati.

Mae gan Awdurdodau Lleol gyfrifoldeb i asesu anghenion. Mae dyletswydd arnynt i roi gwybodaeth i ddefnyddwyr posib a'u perthnasau am y gwasanaethau a'r cyfleusterau sydd ar gael iddynt yn eu hardal hwy, er mwyn eu galluogi i fyw bywyd mor annibynnol â phosib.

Mae'r Ddeddf Pobl Anabl hefyd yn gofyn i awdurdodau lleol nodi pwy ydy'r bobl ifanc anabl sy'n gadael yr ysgol ac asesu eu hanghenion o safbwynt y Gwasanaethau Cymdeithasol, yn ogystal ag ystyried gallu eu gofalwyr i barhau i ofalu amdanynt.

Mae **Deddf y Cleifion a'r Anabl Cronig 1970** hefyd yn ceisio gwarchod hawliau a hybu cydraddoldeb i bobl ag anawsterau neu ag anghenion penodol mewn lleoliadau'n gysylltiedig â gofal ac o fewn cymdeithas. Cyhoeddwyd darpariaeth benodol i wella mynediad a chefnogaeth ar gyfer pobl ag anableddau.

Roedd y Ddeddf yn rhoi hawliau cyfartal i bobl ag anableddau, er enghraifft:
- Yr hawl i fynediad cyfartal i gyfleusterau hamdden ac addysgol;
- Mynediad i adeiladau – cyflwynwyd cod ymarfer yn nodi bod yn rhaid i

Disabled Persons Act 1944 - 1986
Chronically Sick and Disabled Persons Act 1970
Carers and Disabled Children Act 2000
Carers (Equal Opportunities) Act 2004

Introduction

The Disabled Persons (Employment) Act 1944 and 1958 was one of the first pieces of legislation to address the specific needs of disabled people and to help improve the employment rights and opportunities of people with disabilities and impairments. If a company or firm employed more than 20 people it became incumbent on the employer to ensure that at least 3% of the workforce were considered to be 'disabled'.

The Disabled Persons (Services, Consultation and Representation) Act 1986 strengthens the provisions of the Chronically Sick and Disabled Persons Act 1970 and requires Local Authorities to assess, aim to meet, monitor and review the various needs of disabled people.

Services include:
- Help in the home;
- Recreational facilities outside the home;
- Assistance with transport to such facilities;
- Provision of aids and adaptations;
- Holidays, meals, telephones etc.

Local Authorities have a duty to assess needs. There is a duty to provide potential users and their relatives with information about the services and facilities available to them in their area, in order to enable them to live as independent a life as possible.

The Disabled Persons Act also requires local authorities to identify disabled school leavers and assess their need for Social Services, as well as requiring them to take account of the ability of carers to continue to provide care.

The Chronically Sick and Disabled Persons Act 1970 also aims to protect the rights of, and promote equality for, people with impairments or specific needs in care-related settings and in society. It set out specific provisions to improve access and support for people with disabilities.

The Act gave people with disabilities equal rights, for example:
- The right to equal access to recreational and educational facilities;

adeiladau oedd yn agored i'r cyhoedd gynnig mynediad cyfartal, e.e. mannau parcio addas, toiledau ac ati;

- Bathodynnau anabl – roedd y rhain yn rhoi mynediad i bobl anabl i fannau parcio addas.

Cyhoeddwyd dogfen Strategaeth Genedlaethol Gofalwyr, **'Gofalu am Ofalwyr'**, yn 1999, a thanlinellwyd yr angen am ddeddfwriaeth i alluogi cynghorau lleol sydd yn gyfrifol am wasanaethau cymdeithasol i ddarparu gwasanaethau'n syth i ofalwyr.

Ar ôl ymgynghori, adolygwyd **'Gofalu am Ofalwyr'** yn 2010. Mae'n nodi blaenoriaethau'r llywodraeth ar gyfer gofalwyr ac yn adnabod yr hyn a fydd yn cael ei wneud i sicrhau'r canlyniadau gorau i ofalwyr a'r unigolion maen nhw'n eu cefnogi, gan gynnwys:

- Cefnogi'r gofalwyr;
- Galluogi'r gofalwyr i gyflawni eu potensial o ran cyflogaeth ac addysg;
- Eu galluogi i gael bywyd teuluol a chymunedol;
- Cydnabod eu cyfraniad a'u cynnwys wrth gynllunio gofal.

Mae miloedd o bobl yng Nghymru yn gofalu am berthnasau, cymdogion neu ffrindiau sy'n oedrannus neu'n anabl. Mae gan Gymru Strategaeth i Ofalwyr sy'n cefnogi'r gweithwyr di-dâl hyn, ac yn esbonio sut i roi mwy o gefnogaeth a

gwell gwasanaeth iddynt. Yn ystod 2013 bu Llywodraeth Cymru yn ymgynghori ar y strategaeth gyfredol, gan wneud argymhellion ar y ffordd orau i wella'r strategaeth er mwyn cefnogi'r gofalwyr yn fwy dros y tair blynedd nesaf.

Deddf Gofalwyr a Phlant Anabl 2000

Nod y Llywodraeth oedd cefnogi gofalwyr a hefyd eu helpu i gynnal eu hiechyd a'u lles eu hunain. Er mwyn cwrdd â'r gofynion hyn daeth Deddf Gofalwyr a Phlant Anabl 2000 i rym ym mis Gorffennaf 2001.

Yn ôl y Ddeddf hon maen gan ofalwyr yr hawl i ofyn am asesiad o'u hanghenion ac mae gan awdurdodau lleol y grym i ddarparu'r gwasanaethau angenrheidiol fel y gall y gofalwyr roi'r gofal gorau posibl. Mae gan bobl sydd â gofal rhieni am blentyn anabl (boed yn rhieni neu'n ofalwyr eraill) hefyd yr hawl i fynnu asesiad.

Rhoddodd y Llywodraeth rym i gynghorau lleol wneud taliadau'n uniongyrchol i ofalwyr (gan gynnwys pobl ifanc 16 ac 17 oed sy'n derbyn cymorth dan y Ddeddf) er mwyn ateb y gofynion a nodwyd gan yr asesiad. Gall cynghorau lleol hefyd dalu rhieni plentyn anabl yn uniongyrchol fel y gallant brynu gwasanaethau i ateb gofynion y plentyn a'r teulu a nodwyd gan yr asesiad. Yn ychwanegol, gall cynghorau wneud

- Access to buildings – a code of practice was introduced stating that buildings that were open to the public should ensure equal access, e.g. suitable parking places, toilets etc;
- Disabled badges – which enabled people with disabilities to access suitable parking places.

The Carers National Strategy document, **'Caring about Carers'**, was published in 1999 and highlighted the need for legislation to enable local councils, which have social service responsibilities, to provide services direct to carers.

After consultation **'Caring about Carers'** was reviewed in 2010. It sets out the Government's priorities for carers and identifies the actions that will be taken to ensure the best possible outcomes for carers and the individuals that they support, including:
- Supporting the carers;
- Enabling the carers to fulfil their educational and employment potential;
- Enabling them to have a family and community life;
- Recognising their contribution and involving them in the planning of care provision.

There are thousands of people in Wales who are caring for elderly or disabled relatives, neighbours or friends. Wales has

a Carers Strategy for supporting these unpaid workers, which sets out how to provide better support and services to these carers. During 2013 the Welsh Government has undertaken a consultation of the current strategy, and has made recommendations on how best to improve this strategy in order to further support these carers over the next three years.

Carers and Disabled Children Act 2000

The Government's aim was to support carers in their caring roles and also to help them maintain their own health and wellbeing. In order to meet these aims the Carers and Disabled Children Act 2000 came into force in July 2001.

This Act has given carers the right to request an assessment of their needs and the power to local authorities to provide these carers with the services that they need, in order for them to provide the best possible care and support. People with parental responsibility for a disabled child (parents or other carers) also have a right to ask for an assessment.

The Government has given local councils the power to make direct payments to carers (including 16 and 17 year-olds receiving support under the Act) to meet their own assessed needs. Local councils may also make direct payments to parents of a disabled child to purchase services to

taliadau uniongyrchol i bobl anabl 16 ac
17 oed.

Yn y ddeddfwriaeth, mae'r gair 'gofalwr'
yn cynnwys pobl (dros 16 oed) a all fod
yn perthyn i'r person sy'n derbyn y gofal
neu beidio, a does dim rhaid iddo fod yn
byw yn yr un tŷ chwaith. Nid yw'r
Ddeddf yn ystyried bod pobl sy'n
gweithio ym maes gofal na gwirfoddolwyr
o fudiad gwirfoddol yn 'ofalwyr'.

Deddf Gofalwyr (Cyfleoedd Cyfartal) 2004

Prif nod y Ddeddf hon yw rhoi mwy o
ddewis i ofalwyr, yn ogystal â gwell cyfle
i fyw bywyd llawn a rhoi hawliau cyfartal
iddynt.

Mae'r Ddeddf yn gofyn i ofalwyr:
* Fynd yn ôl i weithio, parhau â'u
  haddysg neu ddysgu sgiliau newydd os
  ydynt yn dymuno;
* Derbyn gwybodaeth am eu hawliau i
  gael eu hasesu;
* Cael y cyfle i drafod a chysylltu â
  sectorau perthnasol, e.e. awdurdod
  lleol, iechyd, addysg ac ati, o ran
  cynllunio a darparu gwasanaethau.

Mae Deddf Gofalwyr (Cyfleodd Cyfartal)
2004 yn ymwneud â Chymru a Lloegr yn
unig.

FFEITHIAU ALLWEDDOL

Deddf Pobl Anabl 1944-1986
Deddf y Cleifion a'r Anabl Cronig 1970
Deddf Gofalwyr a Phlant Anabl 2000
Deddf Gofalwyr (Cyfleoedd Cyfartal) 2004

* Yn ôl y deddfau uchod, mae'n
  anghyfreithlon trin pobl ag anawsterau
  yn llai ffafriol oherwydd eu
  hanableddau, e.e. wrth osod tir neu dŷ

* Disodlodd y Comisiwn Hawliau
  Anabledd (DRC) y Cyngor
  Cenedlaethol Anabledd yn 2000. Mae
  gwaith y DRC yn cynnwys: gweithio
  tuag at ddiddymu gwahaniaethu yn
  erbyn pobl ag anawsterau; hybu
  cyfleoedd cyfartal i bobl ag
  anawsterau; annog arfer da wrth drin
  pobl ag anawsterau ac adolygu gwaith
  y Ddeddf Gwahaniaethu ar Sail
  Anabledd.

* Drwy basio Deddf Cydraddoldeb 2006,
  disodlwyd y Comisiwn Hawliau
  Anabledd ym mis Hydref 2007 gan y
  Comisiwn Cydraddoldeb a Hawliau

meet the assessed needs of child and family. In addition councils may make direct payments to 16 and 17 year old disabled young people.

For the purposes of the Act the term 'carer' includes people (age 16 and over) who may or may not be a relative and who may or may not be living with the person for whom they are caring. The Act excludes from this definition of a carer any paid care workers and volunteers from a voluntary organization.

Carers (Equal Opportunities) Act 2004

The main aim of this Act is to give carers more choice, a better opportunity to have a more fulfilling life, and to give them equal rights.

The Act calls for carers:
* To return to work, further their education or learn new skills if they wish;
* To receive information about their rights to an assessment;
* To be given the opportunity to discuss and liaise with relevant sectors, e.g. local authority, health, education etc., with regards to the planning and provision of services.

The Carers (Equal Opportunities) Act 2004 applies only to Wales and England.

KEY FACTS

Disabled Persons Act 1944-1986
Chronically Sick and Disabled Persons Act 1970
Carers and Disabled Children Act 2000
Carers (Equal Opportunities) Act 2004

* It is unlawful under the above legislations to treat people with impairments less favourably because of their disabilities when, e.g. letting land or property.

* The Disability Rights Commission replaced the National Disability Council in 2000. The functions of the DRC include: working towards the elimination of discrimination against people with impairments; promoting equality of opportunities for people with impairments; encouraging good practice in the treatment of people with impairments and reviewing the work of the Disability Discrimination Act.

Dynol newydd. Mae gan hwn rymodd ar draws pob deddfwriaeth cydraddoldeb.

- Lluniwyd Deddf Gofalwyr a Phlant Anabl 2000 i helpu a rhoi cefnogaeth i bobl sy'n gofalu am blant wrth iddynt geisio sicrhau bod eu gofynion hwythau'n cael eu hateb yn ogystal â gofynion eu plant, ac i'w helpu i ymdopi'n fwy effeithiol.

- Daeth y Ddeddf Gofalwyr (Cyfleoedd Cyfartal) i rym ym mis Ebrill 2005, ac mae'n helpu i sicrhau nad yw gofalwyr dan anfantais oherwydd eu bod yn gofalu am berson arall. Gall y gyfraith gefnogi'r gofalwyr hyn mewn tair ffordd, gan roi iddynt yr hawl:

  a) I dderbyn gwybodaeth am eu hawl i gael eu hasesu fel gofalwr;
  b) I gael eu hanghenion wedi eu hystyried;
  c) I fynnu bod awdurdodau yn cydweithio ar eu rhan.

 GWEITHGAREDDAU

Astudiaeth Achos

"Yn ystod y naw blynedd y bûm i'n gofalu am fy ngwraig, collais dros £250,000 o incwm. Pan gafodd fy ngwraig ddiagnosis o Sglerosis Ymledol yn 2010, wnaethon ni ddim meddwl llawer am ein harian. Roedden ni'n gwybod y byddai'n rhaid sicrhau bod gennym ddigon o arian i dalu ein biliau misol.

Doedd dim llawer o gefnogaeth ar gael pen ddechreuais fod yn ofalwr, ond rwyf wedi dod i ben ar hyd y blynyddoedd gyda chefnogaeth a chymorth ffrindiau a theulu.

Does dim ffordd y gallwn fod wedi paratoi fy hun ar gyfer y cyfrifoldeb o fod yn ofalwr. Mae'n waith blinedig ac unig ar adegau, ac rwyf wedi ymladd yn llwyr, ond mae'n rhoi pleser i mi ac yn dangos i mi beth sy'n bwysig mewn bywyd."

1. Trafodwch yr astudiaeth achos uchod. Pa hawliau sydd gan y gofalwr hwn yn ôl y Ddeddf Gofalwyr (Cyfleoedd Cyfartal)?
2. Sut y gallai'r canlynol fod o gymorth i'r gofalwr uchod:
   - Meddyg teulu;
   - Gwasanaethau Cymdeithasol;
   - Awdurdod Lleol;
   - Grwpiau gwirfoddol;
   - Gofal yn y cartref/gweithwyr cartref?

- The passing of the Equality Act 2006 meant that in October 2007 the Disability Rights Commission was replaced by a new Equality and Human Rights Commission with powers across all equality legislation.

- The Carers and Disabled Children Act 2000 was designed to help and support the people who care for children to get their needs met alongside those of their children, and to help them manage more effectively.

- The Carers (Equal Opportunities) Act, which came into effect in April 2005, helps to ensure that carers are not disadvantaged because they are caring for another person. The law is able to support these carers in three ways, giving them the right:

  a) To be made aware of their right to a carer's assessment;
  b) To have their needs considered;
  c) To have authorities co-operate on their behalf.

TAKE ACTION

Case Study

"Over the nine years that I've been caring for my wife, I have lost over £250,00 in income. When my wife was diagnosed with MS in 2010, we didn't think much about our finances. We knew that we would need to ensure that we had enough money to cover our monthly outgoings.

When I became a carer there was not much support available, but I've managed over the years, with the support and help of friends and family.

There isn't any way or means that I could have prepared myself for the responsibility of becoming a carer. At times it is a very tiring, exhausting and lonely role, but it also brings me pleasure and joy, and gives me a sense of what really matters in life."

1. Discuss the case study above. What entitlements could this carer obtain through The Carers (Equal Opportunities) Act?
2. How could the following be of assistance to the above carer:
   - GP;
   - Social Services;
   - Local Authority;
   - Voluntary groups;
   - Home care/Domiciliary workers.

Deddf Mynediad i Gofnodion Gofal Iechyd 2000
Deddf Mynediad i Ffeiliau Personol 1987

Cyflwyniad

Daeth y Ddeddf Mynediad i Gofnodion Gofal Iechyd i rym yn 2000. Mae cofnodion iechyd yn cynnwys gwybodaeth yn ymwneud â chyflwr iechyd corfforol a meddyliol unigolyn, a gwnaed y cofnodion hyn gan neu ar ran gweithiwr iechyd proffesiynol mewn cysylltiad â gofal yr unigolyn hwnnw.

Mae gan bob claf yr hawl i weld ei gofnodion iechyd ei hun, ynghyd ag adroddiadau, lluniau pelydr-X a data sydd wedi'u storio'n electronig, yn unol â **Deddf Gwarchod Data 1998** a **Deddf Mynediad i Gofnodion Iechyd 2000**. Yn ogystal, gall cynrychiolwyr personol cleifion sydd wedi marw ac unrhyw berson sydd â hawl o ganlyniad i'r farwolaeth gael mynediad i gofnodion, dan Ddeddf Mynediad i Gofnodion Iechyd 2000.

Mae dwy ffordd i gleifion gael mynediad i'w cofnodion iechyd eu hunain. Yn gyntaf, gallant wneud cais ffurfiol ar ôl gadael yr ysbyty neu ar ôl ymgynghoriad naill ai i gael copi o'r cofnodion neu i wneud apwyntiad yn yr ysbyty i gael eu gweld yno. Rhaid gwneud cais ysgrifenedig drwy lenwi a dychwelyd ffurflen gais i'r ysbyty/Ymddiriedolaeth benodol. Rhaid i'r Ymddiriedolaeth gwblhau'r mwyafrif o geisiadau o fewn 40 niwrnod.

Yn ail, gall y claf wneud cais anffurfiol yn ystod yr ymgynghoriad neu yn ystod ei gyfnod fel claf yn yr ysbyty. Yn yr achos yma, gall y claf ofyn i feddyg, nyrs neu weithiwr iechyd arall, i gael gweld yr hyn a ysgrifennwyd amdanynt, neu i gael gweld eu lluniau pelydr-X neu adroddiadau.

Dim ond y rhan o'r cofnodion y mae ef neu hi'n gyfrifol amdani y gall y gweithiwr iechyd ei dangos i'r claf. Gelwir hyn yn "fynediad anffurfiol". Dan Ddeddf Gwarchod Data 1998, gall y canlynol gael mynediad i'w cofnodion:

- Y claf;
- Person ag awdurdod ysgrifenedig i wneud cais ar ran y claf;
- Person â chyfrifoldeb rhiant os yw'r claf yn blentyn dan 16 oed. Serch hynny, does gan rhieni na gwarchodwyr mo'r hawl i gael gweld gwybodaeth a drosglwyddwyd yn gyfrinachol;
- Person a apwyntiwyd gan lys barn i roi trefn ar bethau'r claf am fod y claf yn gyfreithiol anghymwys i ofalu am ei bethau ei hun;
- Wedi marwolaeth y claf, cynrychiolydd (neu gynrychiolwyr) personol y claf ac unrhyw bersonau sydd â'r hawl o ganlyniad i farwolaeth y claf.

Access to Health Care Records Act 2000 Access to Personal Files Act 1987

Introduction

The Access to Health Care Records Act came into force in 2000. Health records consist of information relating to the physical or mental health condition of an individual, and have been made by, or on behalf of, a health professional in connection with the care of that individual.

All patients have the right to see their own health records, reports, X-ray films and electronically stored data, under the **Data Protection Act 1998** and the **Access to Health Care Records Act 2000**. In addition, personal representatives of deceased patients and any person who has a claim arising from the patient's death may have access to the records under the Access to Health Care Records Act 2000.

There are two ways by which patients may access their own health records. First they can make a formal request after leaving hospital or consultation, whereby they can either receive a copy of the records or make an appointment to view the records at the hospital. The request must be made in writing by completing and returning an application form to the particular hospital/Trust. The Trust has 40 days in which to complete most applications.

Secondly, an informal request can be made by the patient at the time of consultation or during their time as an in-patient. In this case, the patient can ask the doctor, nurse or other health professional to show them what has been written about them, or to see their X-rays or reports.

The professional is allowed to show only their particular part of the record. This is called "informal access". Under the Data Protection Act 1998, the following can have access to their records:

- The patient;
- A person authorised in writing to make an application on the patient's behalf;
- A person with parental responsibility when the patient is a child under 16 years of age. However, parents or guardians have no right to see information that has been given in confidence;
- A person appointed by the court to manage the patient's affairs because the patient is legally incapable of managing their own affairs;
- Where the patient has died, the patient's personal representative(s) and any persons who may have a claim arising out of the patient's death.

Gall yr ymgeisydd hefyd hawlio'r canlynol:
- Eglurhad o unrhyw dermau yn y cofnodion nad ydynt yn eu deall, e.e. iaith dechnegol neu derminoleg;
- Yr hawl i fynnu bod cofnodion yn cael eu cywiro os ydy'r gweithiwr iechyd proffesiynol yn cytuno. Os nad ydynt yn cytuno, rhaid cofnodi barn yr ymgeisydd yn y cofnodion iechyd. (Gellir hefyd rhoi cais am gael gweld y cywiriadau);
- Yr hawl i fynnu na chaiff neb fynediad i'w cofnodion iechyd, neu i ran ohonynt, wedi iddynt farw;
- Yr hawl i gwyno'n ffurfiol wrth Brif Weithredwr yr Ymddiriedolaeth, os yw'n teimlo na chafodd weld ei gofnodion;
- Yr hawl i wneud cais i'r Uchel Lys os yw'n teimlo nad yw ceidwad y cofnodion wedi ufuddhau i ofynion y ddeddfwriaeth.

Fel arfer, gall claf weld popeth sydd wedi'i ysgrifennu amdano/amdani, heblaw unrhyw wybodaeth a roddwyd yn gyfrinachol i weithiwr iechyd gan rywun arall (dyma un o delerau'r ddeddf).

O ganlyniad i **Ddeddf Iechyd a Gofal Cymdeithasol 2012** cafwyd nifer o newidiadau i'r dull o gasglu a rhannu gwybodaeth gyfrinachol o gofnodion meddygol. Bydd y Ddeddf hon yn caniatáu i'r Ganolfan Iechyd a Gofal Cymdeithasol weld y wybodaeth hon.

Bydd gwasanaeth gofal data yn cael ei lansio hefyd, a bydd hwn yn defnyddio'r wybodaeth werthfawr sydd mewn cofnodion meddygol i wella ansawdd y gofal a ddarperir.

Deddf Mynediad i Ffeiliau Personol 1987/Deddf Mynediad i Gofnodion Gofal Iechyd 2000

Mae Deddf Mynediad i Ffeiliau Personol 1987/Deddf Mynediad i Gofnodion Gofal Iechyd 2000, ynghyd â Deddf Gwarchod Data 1998, yn rhoi'r hawl i gleifion weld eu cofnodion iechyd eu hunain, yn ogystal ag adroddiadau, ffilmiau pelydr-X a data sydd wedi'u storio'n electronig. Mae Deddf Mynediad i Ffeiliau Personol 1987 yn ymwneud â chofnodion ar dai a gwasanaethau cymdeithasol, yn bennaf. Yn debyg i Ddeddf Gwarchod Data 1984, mae'n galluogi defnyddwyr y gwasanaeth i gael gweld unrhyw wybodaeth berthnasol yn anffurfiol.

Mae'r hawliau i gael mynediad a'r dulliau o fynd ati yn debyg iawn i'r rheiny dan Ddeddf Mynediad i Gofnodion Gofal Iechyd 2000, a gellir gwrthod mynediad i gofnodion ar seiliau tebyg. Yn ôl Deddf Gwarchod Data 1998, mae gan bawb sy'n defnyddio gwasanaeth yr hawl i weld unrhyw ddata bersonol amdanyn nhw'u hunain sydd wedi'u cadw ar gyfrifiadur neu ar bapur. Mae'r ddeddf hon yn rhoi hawl mynediad i unrhyw wybodaeth bersonol am y cwsmer sydd wedi'i chadw

The applicant also has a right to the following:

- An explanation of any terms in the records that they do not understand, e.g. technical language or terminology;
- To ask for corrections to be made to the record if the professional agrees with what is suggested. If they don't, a note of their views must be put in their health record. (A copy of the corrections can also be requested);
- To restrict access to all or part of their health record after their death;
- To make a formal complaint to the Chief Executive of the Trust, if the applicant feels that they have not been allowed to see their records;
- To make an application to the High Court if the applicant thinks that the holder of the record has failed to keep to the requirements of the Act.

A patient can usually see everything that has been written about him/her, except any information that was given in confidence to a health professional by a third party, (this is one of the terms of the Act).

The **Health and Social Care Act 2012** has brought about important changes to the collecting and sharing of confidential information from medical records. This Act will allow the Health and Social Care Information Centre to access this information.

There will also be a data care service launched, which will make use of the valuable information in medical records in order to improve the quality of care that is provided.

Access to Personal Files Act 1987/Access to Health Care Records Act 2000

The Access to Personal Files Act 1987/ Access to Health Care Records Act 2000, together with the Data Protection Act 1998, gives all patients the right to see their own health records, reports, X-ray films and electronically stored data.
The Access to Personal Files Act 1987 mainly covers records that involve housing and social services. Similar to the Data Protection Act 1984, it enables service users to access any relevant information informally.

Application procedures and rights are very similar to those of the Access to Health Care Records Act 2000, and access to records can be denied on similar grounds. According to the Data Protection Act 1998, every service user has a right to see personal data about themselves, held on computer and on paper. This Act provides a right of access to personal information about the client, held by public authorities and private bodies.

Ideally it should not be necessary for service users to have to make a formal

gan awdurdodau cyhoeddus a chan gyrff preifat.

Yn ddelfrydol, ni ddylai defnyddwyr gwasanaeth orfod gwneud cais ffurfiol i gael gweld eu cofnodion: dylid rhoi'r mynediad hwn iddynt yn anffurfiol, ac yn ôl y wybodaeth yn y ffeiliau mynediad, mae'n ymddangos mai dyma sy'n digwydd o ddydd i ddydd, yn amlach na pheidio.

Deddf Mynediad i Adroddiadau Meddygol 1988

Mae'r Ddeddf hon yn canolbwyntio'n bennaf ar sicrhau bod gan unigolyn hawliau pan fydd meddyg sydd wedi trin yr unigolyn yn darparu adroddiad meddygol at bwrpas cyflogaeth neu yswiriant.

Pan gyflwynir cais am adroddiad meddygol, gall yr unigolyn:
- Atal ei ganiatâd;
- Cydsynio i'r cais;
- Cydsynio i'r cais, ond gofyn i gael gweld copi cyn ei gyflwyno (bydd y meddyg yn cael ei hysbysu o ddymuniad yr unigolyn i weld yr adroddiad ac yn caniatáu 21 diwrnod cyn ei gyflwyno i'r ymgeisydd.)

Os nad yw'r unigolyn yn hapus â'r adroddiad, gall wneud cais (yn ysgrifenedig) i'r meddyg i:
- Ddiwygio'r adroddiad (yna gall y meddyg atodi'r diwygiadau hynny i'r adroddiad);
- Gwrthod caniatáu i'r meddyg ddarparu'r adroddiad.

FFEITHIAU ALLWEDDOL

Deddf Mynediad i Gofnodion Gofal Iechyd 2000
Deddf Mynediad i Ffeiliau Personol 1987

- Mae'r ddwy ddeddf uchod, ynghyd â'r Ddeddf Gwarchod Data yn rhoi'r hawl i unigolyn fynnu bod data anghywir amdano yn cael eu cywiro.

- Ni fydd gwybodaeth bersonol am rywun arall yn cael ei rhyddhau heb ganiatâd y person hwnnw, oni bai bod gan yr ymgeisydd angen rhesymol (os nad yw'r person dan sylw mewn cyflwr i roi caniatâd, ac ati).

- Nid oes angen i weithiwr iechyd gael caniatâd gweithiwr iechyd arall cyn dangos/darllen gwybodaeth wedi'i chofnodi gan y person hwnnw.

- Os bydd meddyg yn ysgrifennu adroddiad am iechyd cwsmer i gwmni yswiriant neu i gyflogwr, mae gan y cwsmer yr hawl i weld y wybodaeth hon cyn ei hanfon (yn unol â Deddf Mynediad i Adroddiadau Meddygol 1988).

application to see their records: they should be granted this access informally, and according to the information in applications files, this appears to be what happens more often than not in day-to-day practice.

Access to Medical Reports Act 1988

This Act mainly focuses on ensuring that an individual has rights when a medical report is provided for employment or insurance purposes by a doctor who has been dealing with that individual.

When the request for a medical report has been submitted the individual is able to:
• Withold their consent;
• Consent to the application;
• Consent to the application, but request to see a copy before it is supplied (the doctor will be informed of the individual's wish to see the report and will allow 21 days before it is then issued to the applicant).

If the individual is not happy with the report, they are able to request (in writing) that the doctor:
• Amends the report (the doctor can then attach these amendments to the report);
• Withdraw consent for the report to be supplied.

KEY FACTS

Access to Health Care Records Act 2000
Access to Personal Files Act 1987

• Both of the above Acts and the Data Protection Act give an individual the right to have inaccurate data about themselves corrected.

• Personal information about someone else will not be released without that person's consent or unless the applicant has a reasonable requirement (if that person is not capable of giving consent etc).

• A health professional does not need another health professional's permission to show/read information recorded by that person.

• If a doctor writes a report on a client's health for an insurance company or an employer, that client has a right to see this information before it is sent (this is under the Access to Medical Reports Act 1988).

GWEITHGAREDDAU

Senario ar gyfer trafodaeth grŵp

Mae Cerys wedi ymweld â'r meddyg sawl gwaith dros y misoedd diwethaf, gan ei bod wedi teimlo'n ddi-hwyl ac yn flinedig iawn. Dydy hi ddim wedi bod yn hapus ag ymateb y meddyg ac mae wedi ystyried mynd at feddyg arall neu gael barn rhywun arall.

Yn ystod ei hymweliad diwethaf, penderfynodd Cerys ofyn i'r meddyg yn anffurfiol i gael gweld ei chofnodion, gan nad oedd hi'n hyderus ei fod yn cofnodi popeth yr oedd hi'n ei ddweud wrtho. Gwrthododd y meddyg ddangos y cofnodion iddi gan ddweud bod yr hyn yr oedd wedi'i ysgrifennu i'w gadw'n gyfrinachol.

Trafodwch y canlynol:

1) A oes gan Cerys yr hawl i gael gweld ei chofnodion iechyd ei hun?

2) A all Cerys wneud cais ffurfiol am gael gweld y cofnodion hyn? Sut?

3) Beth ydy ystyr 'mynediad anffurfiol'? Sut y byddai hyn yn effeithio ar Cerys?

Scenario for group discussion

Cerys has visited the doctor on several occasions over the past few months, as she has been feeling under the weather and very lethargic. Cerys has not been happy with his response and has considered changing doctors or gaining a second opinion.

During her last visit to the doctor, Cerys decided to ask the doctor informally to see her records, as she was not very confident that he was recording everything she had told him. The doctor refused to show her the records and told Cerys that what he'd written was to be kept confidential.

Discuss the following:

1) Does Cerys have the right to see her own health records?

2) Can Cerys put in a formal request to see these records? How?

3) What is meant by 'informal access'? How would this affect Cerys?

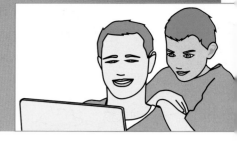

Deddfau Gwarchod Data 1984 ac 1998 Deddf Rhyddid Gwybodaeth 2000

Cyflwyniad

Mae'r Ddeddf Gwarchod Data yn rhoi sail gyfreithiol ar gyfer trin gwybodaeth am bobl sy'n dal yn fyw. Dyma'r brif ddeddfwriaeth sy'n rheoli gwarchod data personol yn y DU.

Mae Deddf Gwarchod Data 1984 yn rhoi'r hawl i bob unigolyn gael mynediad i unrhyw wybodaeth bersonol sydd wedi ei chasglu amdanynt, ac i orfodi rheolaeth o'r wybodaeth hon. Gwnaed newidiadau i'r Ddeddf hon yn 1998, a ddaeth i rym yn 2000, gan ddisodli'r Ddeddf flaenorol, er enghraifft mae'r Ddeddf nawr yn ymdrin â gwybodaeth sydd wedi ei chadw ar ffurf cofnodion papur ac ar gyfrifiadur fel ei gilydd.

Mae Deddf Gwarchod Data 1998 yn cynnwys 8 egwyddor, pob un yn cyfeirio at arfer da wrth ddelio â data personol. Rhaid i'r holl wybodaeth a gofnodir am unigolion fod:

- Yn gywir ac yn gyfredol;
- Ar gadw dim ond os yw'n berthnasol, yn ddigonol a heb fod yn ormodol;
- Wedi ei phrosesu yn deg ac yn gyfreithlon;
- Ar gadw dim ond at bwrpasau cyfyngedig a phenodol;
- Yn ddiogel;
- Yn cyd-fynd â hawliau'r person sy'n destun y data;
- Ar gadw dim ond am y cyfnod angenrheidiol;
- Yn cael ei datgelu dim ond i'r derbynyddion perthnasol.

Mae'r Ddeddf Gwarchod Data yn sefydlu hawliau i'r bobl hynny sydd â'u data wedi'u storio, a chyfrifoldebau i'r rhai hynny sy'n cadw neu'n casglu data personol.

Mae gan y person sydd â'u data wedi'u prosesu yr hawl i:

- Weld y data sydd gan fudiad ar gadw amdanyn nhw, am dâl bychan (yr hyn a elwir yn 'fynediad yr unigolyn');
- Gofyn am gywiro gwallau. Os bydd cwmni yn anwybyddu'r cais, gall llys barn orchymyn bod y data'n cael eu cywiro neu eu dinistrio, ac mewn rhai achosion gall iawndal gael ei wobrwyo;
- Gofyn am i neb ddefnyddio'r data mewn ffordd sy'n achosi niwed neu ofid;
- Gofyn am i neb ddefnyddio'r data ar gyfer marchnata uniongyrchol.

Mae cofnodion iechyd, addysg a gwaith cymdeithasol ar bapur sy'n dyddio'n ôl cyn 24 Hydref 1998 yn cael eu trin ychydig yn wahanol yn y ddeddfwriaeth.

Data Protection Act 1984 and 1998 Freedom of Information Act 2000

Introduction

The Data Protection Act gives a legal basis for the handling of information relating to living people. It is the main piece of legislation that governs protection of personal data in the UK.

The Data Protection Act 1984 gives all individuals the right to access any personal information that has been compiled about them, and to enforce the control of information about them. There were changes to this Act in 1998, which came into force in 2000 and replaced the previous Act, for example, information stored on both paper records and computer are now covered.

There are 8 principles covered under the 1998 Data Protection Act, each one referring to good practice when dealing with personal data. All the information held about individuals must be:
- Accurate and up to date;
- Held only if relevant, adequate and not excessive;
- Fairly and lawfully processed;
- Held only for limited and specific purposes;
- Secure;
- In accordance with data subject/individual rights;
- Kept only for the necessary period of time;
- Disclosed only to the relevant recipients.

The Data Protection Act creates rights for those who have their data stored, and responsibilities for those who store or collect personal data.

The person who has their data processed has the right to:
- View the data an organization holds on them, for a small fee (known as 'subject access');
- Request that incorrect information is corrected. If the company ignores the request, a court can order the data to be corrected or destroyed, and in some cases compensation can be awarded;
- Require that data is not used in a way that causes damage or distress;
- Require that their data is not used for direct marketing.

Paper-based health, education and social work records, which were created before 24 October 1998, are subject to slightly different provisions in the Act.

There are many significant changes to the **Data Protection (Amendment) Act 2003**. The changes include:

Mae sawl newid pwysig i **Ddeddf Gwarchod Data (Diwygiad) 2003**, gan gynnwys:

- Hawliau newydd i bobl sy'n destun i'r data;
- Cyfrifoldebau newydd i reolwyr data;
- Diffiniadau newydd;
- Swyddogaethau a grymoedd newydd i'r Comisiynydd Gwarchod Data;
- Rheolau newydd sy'n rheolir broses gofrestru.

Er 6 Ebrill 2010 mae gan Swyddfa'r Comisiynydd Gwybodaeth (ICO) y grym i ddirwyo rheolwyr data nad ydynt yn bodloni'r safonau sy'n ofynnol gan y Ddeddf Gwarchod Data neu sy'n torri egwyddorion gwarchod data.

Os ydy lleoliad neu fudiad, e.e. ysgol, yn storio data am ddisgyblion yna mae'n ofynnol yn gyfreithiol iddynt warchod y data hynny. Yn ôl y Ddeddf Gwarchod Data:

- Dylid cadw'r data yn gyfrinachol;
- Dylid casglu'r data am bwrpas penodol yn unig;
- Dim ond y data angenrheidiol y dylid eu cadw;
- Dylai'r data fod yn gyfredol ac ni ddylid eu cadw am fwy nag sydd raid;
- Dylai'r data fod ar gael i'r unigolyn os yw'n dymuno hynny.

Deddf Rhyddid Gwybodaeth 2000

Mae Deddf Rhyddid Gwybodaeth 2000 yn rhoi'r hawl gyffredinol i ymgeiswyr gael mynediad i unrhyw wybodaeth, boed hynny ar bapur neu yn electronig, am sut mae awdurdodau cyhoeddus yn gwneud eu dyletswyddau, e.e. sut maen nhw'n dod i benderfyniad ar sut i wario arian cyhoeddus (er bod rhai cyfyngiadau). Gall unigolion ofyn am wybodaeth a gedwir gan awdurdodau cyhoeddus hefyd, a rhaid ymateb i'r cais hwn o fewn 20 diwrnod.

Cyflwynodd yr Ysgrifennydd Gwladol Ddeddf Gwarchod Rhyddid 2012 ym mis Chwefror 2011. Cafodd Gydsyniad Brenhinol ar 1 Mai 2012. Cyflwynodd y Ddeddf hon rai newidiadau allweddol, er enghraifft:

- Cod ymarfer yn ymwneud â chamerâu cadw golwg;
- Trefn atal newydd ar gyfer yr heddlu;
- Mae'n darparu cod ymarfer yn ymwneud â grym mynediad swyddogion;
- Fframwaith newydd ar gyfer cadw olion bysedd a DNA gan yr heddlu.

- New rights for data subjects;
- New responsibilities for data controllers;
- New definitions;
- New functions and powers for the Data Protection Commissioner;
- New rules that govern the registration process.

Since 6 April 2010, the Information Commissioner's Office (ICO) has the powers to fine data controllers who fail to meet the standards required by the Data Protection Act or breach the data protection principles.

If a setting or an organization, e.g. a school, stores data on pupils then they are legally obliged to protect that information. Under the Data Protection Act:

- The data should be kept secure;
- The data should only be collected for a specific purpose;
- Only the data that is needed should be held on file;
- The data should be up to date and only kept as long as is needed;
- The data should be available to the individual on request.

Freedom of Information Act 2000

The Freedom of Information Act 2000, allows people to access any information about how public authorities carry out duties, on both paper and electronically,

e.g. about how they make decisions on how they spend public money (although there are some limitations). It is possible for individuals to request information held by public authorities and this request must be responded to within 20 days.

The Protection of Freedoms Act 2012 was introduced in February 2011 by the Home Secretary. It received Royal Assent of 1 May 2012. This Act has introduced some key changes, for example:

- A code of practice has been introduced for surveillance cameras;
- An introduction into a new regime of police stops;
- It provides a code of practice to cover officials' powers of entry;
- It brings in a new framework for police retention of fingerprints and DNA data.

KEY FACTS

Data Protection Act 1984 and 1998

- The Data Protection Act 1984 is intended to protect and safeguard people's rights and personal data.

- 'Personal data' is information that has been collected and processed and can include both facts and opinions about

FFEITHIAU ALLWEDDOL

Deddf Gwarchod Data 1984 ac 1998

- Mae Deddf Gwarchod Data 1984 yn ceisio amddiffyn a diogelu hawliau pobl a data personol.

- Ystyr 'data personol' yw gwybodaeth a gasglwyd ac a broseswyd, ac sy'n gallu cynnwys ffeithiau a barn am unigolion. Gellir cadw'r wybodaeth hon ar gyfrifiadur neu offer electronig eraill; gall fod ar ffurf ysgrifenedig, e.e. rhan o ffurflen, neu gall fod yn unrhyw fath arall o gofnod hygyrch.

- Mae'r Ddeddf Gwarchod Data hefyd yn cynnwys data personol sensitif o fathau eraill, e.e. gwybodaeth am iechyd corfforol a meddyliol person, tarddiad ethnig neu hiliol, crefydd, credo neu farn wleidyddol, aelodaeth undeb llafur, cofnodion am droseddau (honedig), neu ogwydd rhywiol.

- Mae gan bob person yr hawl i wrthod rhoi data neu wybodaeth amdanynt eu hunain i sefydliadau.

- Dylid cadw'r wybodaeth dim ond am y cyfnod angenrheidiol.

GWEITHGAREDDAU

Senario ar gyfer trafodaeth grŵp

Mae Gwenan yn mynd at y meddyg – mae wedi bod yn ceisio beichiogi dros y misoedd diwethaf, a bellach mae'n credu ei bod yn feichiog. Mae'r meddyg yn trafod dyddiadau gyda hi ac yn cadarnhau ei bod hi'n feichiog ers tua chwech neu saith wythnos. Mae Gwenan wrth ei bodd ac yn llawn cyffro wrth ddweud y newyddion da wrth ei gŵr. Maent yn penderfynu cadw'r newyddion yn gyfrinach tan i Gwenan gael ei sgan cyntaf wedi 12 wythnos.

Tri niwrnod yn ddiweddarach, mae ffrind iddi'n ei ffonio i'w llongyfarch am y newyddion da. Mae Gwenan wedi'i syfrdanu, gan ei bod yn gwybod nad ydynt wedi dweud gair wrth neb arall. Yr unig ffynhonnell wybodaeth arall yw'r meddyg neu staff y feddygfa.

1. Beth yn eich barn chi y dylai Gwenan ei wneud yn y sefyllfa hon?

2. Yn ôl y Ddeddf Gwarchod Data, a oedd gan Gwenan yr hawl i ddisgwyl y byddai ei data personol yn ddiogel?

3. Sut y dylai'r feddygfa ddelio â'r sefyllfa er mwyn atal hyn rhag digwydd eto?

an individual. This information can be held on computer or other electronic equipment; it can be written information, e.g. part of a form, or it can be any other type of accessible record.

- The Data Protection Act also covers other sensitive personal data, e.g. information on a person's physical and mental health, ethnic or racial origin, religion, belief or political opinion, trade union membership, criminal record (alleged), or sexual orientation.

- Every person has the right to refuse to provide data or information about themselves to organizations.

- All information should be kept only for the period of time that is necessary.

TAKE ACTION

Scenario for group discussion

Gwenan visits the doctors' surgery – she has been trying to conceive for the past few months, and now believes that she may be pregnant. The doctor discusses dates with her and confirms that she is six or seven weeks into her pregnancy. Gwenan is extremely happy and excitedly tells her husband. They decide that they will keep it a secret until she has her first scan at 12 weeks.

Three days later, her friend phones to congratulate her on the good news. Gwenan is shocked, as she knows that they have not mentioned this to anyone else. The only other source of the information would be the doctor or staff at the surgery.

1. What do you think Gwenan should do in this situation?

2. According to the Data Protection Act, did Gwenan have the right for her personal data to be protected?

3. How should the doctor's practice deal with this situation in order to prevent it from happening again?

Deddf Trosedd ac Anhrefn 1998

Cyflwyniad

Daeth y Ddeddf Trosedd ac Anhrefn i rym yn 1998, er mwyn mynd i'r afael â throsedd ac anhrefn a chreu cymunedau mwy diogel. Y meysydd allweddol oedd Gorchmynion Ymddygiad Gwrthgymdeithasol (ASBOs) a Gorchmynion Troseddwyr Rhyw. Rhydd y Ddeddf orfodaeth statudol ar brif swyddogion yr heddlu ac awdurdodau lleol i gynnal 'Archwiliad Trosedd ac Anhrefn' bob tair blynedd ac i gydweithio i ddatblygu a gweithredu strategaeth i leihau trosedd ac anhrefn ac ati.

Mae 121 adran a deg atodiad yn y Ddeddf Trosedd ac Anhrefn. Mae'r ddeddf yn berthnasol i bawb sy'n ymwneud â phrosesau'r gyfraith droseddol, e.e. cyfreithwyr, yr heddlu, staff y llysoedd, Gwasanaeth Erlyn y Goron, y gwasanaethau cymdeithasol, y gwasanaeth prawf a'r gwasanaethau addysg. Mae darpariaeth ar gyfer dadlennu a rhannu gwybodaeth mewn unrhyw achos hefyd.

Mae gan y Ddeddf sawl prif thema: troseddau ieuenctid; trosedd ac anhrefn; troseddau hiliol; troseddwyr rhyw; troseddwyr treisiol; troseddwyr sy'n camdrin cyffuriau a dedfrydu.

Er mwyn llunio strategaeth, rhaid i'r heddlu a'r awdurdodau lleol:
- Gynnal archwiliad trylwyr o broblemau trosedd ac anhrefn lleol, gan ymgynghori'n helaeth â'r gymuned leol a phartneriaid allweddol eraill;
- Paratoi dadansoddiad o'r canlyniadau;
- Cyhoeddi adroddiad o'r dadansoddiad;
- Cael barn y cyhoedd ar yr adroddiad.

Yna rhaid ysgrifennu'r strategaeth gan ddefnyddio'r archwiliad fel sail. Rhaid i'r strategaeth tair blynedd gynnwys amcanion, yn ogystal â thargedau tymor byr a thymor hir ar gyfer mesur i ba raddau y gellir cwrdd â'r amcanion hyn. Y cam nesaf, pan fydd pawb wedi cytuno ar y strategaeth, fydd cyhoeddi'r ddogfen.

Bydd rhaid i bob strategaeth gynnwys y canlynol:
- Rhestr o'r pobl a'r cyrff a gydweithredodd;
- Adolygiad troseddau ac anhrefn ac adroddiad o'r dadansoddiad;
- Y strategaeth ei hun, ynghyd â'r amcanion a'r targedau.

Rhaid cadw golwg ar y strategaeth yn ôl yr angen.

Rhoddir Gorchymyn Ymddygiad Gwrthgymdeithasol, a gyflwynwyd drwy'r Ddeddf, i unigolyn pan fydd wedi *'ymddwyn mewn modd a achosodd neu a oedd yn debygol o achosi niwed,*

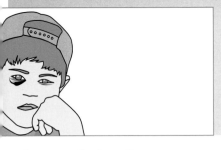

Crime and Disorder Act 1998

Introduction

The Crime and Disorder Act came into force in July 1998, with the purpose of tackling crime and disorder to create safer communities. Its key areas were the introduction of Anti-Social Behaviour Orders (ASBOs) and Sex Offender Orders. It placed a statutory obligation on chief police officers and local authorities to conduct 'Crime and Disorder Audits' every three years and to work together to develop and implement a strategy for reducing crime and disorder. It also granted local authorities more responsibilities with regards to strategies for reducing crime and disorder etc.

The Crime and Disorder Act comprises of 121 sections and ten schedules. The Act includes all people who are concerned with the criminal justice processes, e.g. lawyers, the police, court personnel, the Crown Prosecution Service, social services, the probation service and education services. The Act gives provisions for disclosure and sharing of information in any case.

This Act has several main themes: youth crime; crime and disorder; racist crime; sex offenders; violent offenders; drug-misusing offenders and sentencing.

In order to formulate a strategy, the police and local authorities have to:

- Conduct a thorough audit of local crime and disorder problems, consulting widely in the local community, and with other key partners;
- Prepare an analysis of the results;
- Publish a report of that analysis
- Obtain public views on the report.

The strategy must then be written with the basis being the audit. The three-year strategy must include objectives, as well as short and long-term performance targets for measuring the extent to which the objectives can be achieved. The next step for the authorities, once the strategy is agreed upon, is to publish the document.

Each strategy will require the following:

- A list of the co-operating people and bodies;
- The crime and disorder review and analysis report;
- The actual strategy, with its objectives and targets.

The strategy is to be kept under review as necessary.

The Anti-Social Behaviour Orders that were introduced through the Act are issued when an individual has *'behaved in a manner which caused or was likely*

aflonyddwch neu ofid i un neu fwy o bobl nad ydynt yn byw yn yr un cartref ag ef neu hi, a phan ystyrir bod ASBO yn angenrheidiol i warchod unigolion perthnasol rhag gweithredoedd gwrthgymdeithasol pellach gan y diffynnydd.'

Y Llys Ynadon yng Nghymru a Lloegr sy'n rhoi'r gorcmynion hyn. Diwygiwyd darpariaeth Deddf 1998 gan Ddeddf Ymddygiad Gwrthgymdeithasol 2003.

Mesur Ymddygiad Gwrthgymdeithasol, Trosedd a Phlismona 2013-2014

Cyflwynwyd Mesur Ymddygiad Gwrthgymdeithasol, Trosedd a Phlismona 2013-2014 i'r Senedd ar 9 Mai 2013. Adroddodd y Pwyllgor Mesurau Cyhoeddus yn ôl arno ar 16 Gorffennaf 2013.

Bydd y mesur yn cynnwys ymddygiad gwrthgymdeithasol, trosedd ac anhrefn, gan gynnwys darpariaeth ar gyfer **Deddf Cŵn Peryglus 1991, Deddf Terfysgaeth 2000** a **Deddf Estraddodi 2003**. Bydd hefyd yn cynnwys priodasau gorfodol ac arfau tân, cyfiawnder troseddol a ffioedd llysoedd, yr heddlu, y Swyddfa Twyll Difrifol a'r Comisiwn Cwynion Heddlu Annibynnol.

Deddf Trais yn y Cartref, Troseddau a Dioddefwyr (Diwygiad) 2012

Gwnaed newidiadau nodedig i **Ddeddf Trais yn y Cartref, Troseddau a Dioddefwyr (Diwygiad) 2012**. Bwriad y diwygiadau i'r Ddeddf yn 2012 oedd atal unigolion a gyhuddwyd o wneud niwed corfforol difrifol i blentyn neu oedolyn bregus rhag osgoi cyfiawnder drwy feio rhywun arall neu gadw'n dawel.

 FFEITHIAU ALLWEDDOL

Deddf Trosedd ac Anhrefn 1998

- Sicrhaodd Deddf Trosedd ac Anhrefn 1998 bod gweithio mewn partneriaeth yn statudol am y tro cyntaf yng Nghymru a Lloegr.

- Mae defnyddio geiriau bygythiol, difriol neu sarhaus mewn man cyhoeddus yn dramgwydd troseddol.

- Mae cyhoeddi neu ddosbarthu deunydd ysgrifenedig difriol neu fygythiol hefyd yn dramgwydd troseddol.

- Cyhoeddodd y Llywodraeth Fesur Ymddygiad Gwrthgymdeithasol, Trosedd a Phlismona ar 9 Mai 2013.

to cause harm, harassment or distress to one or more persons not of the same household as him or herself and where an ASBO is seen as necessary to protect relevant persons from further anti-social acts by the defendant'

The orders are made by the Magistrates courts in Wales and England. The provisions of the 1998 Act were modified by the Anti-Social Behaviour Act 2003.

Anti-Social Behaviour, Crime and Policing Bill 2013-2014

The Anti-Social Behaviour, Crime and Policing Bill 2013-2014 was presented to Parliament on 9 May 2013. The Public Bill Committee reported on the Bill on 16 July 2013.

This Bill would make provision for anti-social behaviour, crime and disorder, including provision for the **Dangerous Dogs Act 1991**, **Terrorism Act 2000** and the **Extradition Act 2003**. It would also make provisions for forced marriages and firearms, criminal justice and court fees, and for the police, the Serious Fraud Office and the Independent Police Complaints Commission.

Domestic Violence, Crime and Victims (Amendment) Act 2012

There are some notable changes to the **Domestic Violence, Crime and Victims (Amendment) Act 2012**. The intention of

the 2012 Act amendments is to prevent those who are accused of causing serious physical harm to a child or vulnerable adult from escaping justice by blaming someone else or remaining silent.

KEY FACTS

Crime and Disorder Act 1998

- The Crime and Disorder Act 1998 put partnership working on a statutory footing for the first time in Wales and England.

- Under the Act it is a criminal offence to use threatening, abusive, or insulting words in a public place.

- Publishing or distributing abusive or threatening written material is also considered a criminal offence.

- The Government published the Anti-Social Behaviour, Crime and Policing Bill on 9 May 2013. This Bill takes forward measures to empower communities to get involved in tackling anti-social behaviour, focus the response to anti-social behaviour on the needs of victims and ensure that professionals can protect the public

Mae'r Mesur yn cyflwyno mesurau i alluogi cymunedau i fynd i'r afael ag ymddygiad gwrthgymdeithasol, ffocysu'r ymateb i ymddygiad gwrthgymdeithasol ar anghenion y dioddefwr a sicrhau y gall pobl broffesiynol warchod y cyhoedd yn gyflym drwy rymoedd mwy effeithiol ac ati.

- Rhoddwyd Cydsyniad Brenhinol i'r **Ddeddf Trais yn y Cartref, Troseddau a Dioddefwyr (Diwygiad)** ar 8 Mawrth 2012. Mae'r Ddeddf hon yn diwygio Deddf 2004 gan ei bod yn cynnwys sefyllfaoedd lle cafodd plant ac oedolion bregus niwed difrifol.

 GWEITHGAREDDAU

Defnyddiwch amrywiaeth o ffynonellau gwybodaeth megis y llyfrgell leol, y we, awdurdodau lleol ac ati i gasglu gwybodaeth am drosedd ac anhrefn yn eich ardal chi.

a) Casglwch wybodaeth am gyfraddau: troseddau ieuenctid; trosedd ac anhrefn; troseddau hiliol; osgoi gohirio; troseddwyr rhyw; troseddwyr treisiol a throseddwyr sy'n camdrin cyffuriau yn eich ardal chi.

b) Casglwch wybodaeth am gosbi a dedfrydu troseddwyr.

c) Dadansoddwch y wybodaeth a gasglwyd a lluniwch siart i ddangos canlyniadau eich canfyddiadau.

ch) Crëwch strategaeth sy'n cynnwys amcanion a thargedau cyflawni tymor byr a thymor hir i wella cyfraddau troseddu yn eich ardal chi.

quickly through more effective powers etc.

- The Domestic Violence, Crime and Victims (Amendment) Act received Royal Assent on 8 March 2012. This Act amends the 2004 Act as it includes situations where children and vulnerable adults have been seriously harmed.

TAKE ACTION

Using various sources of information such as the local library, Internet, local authorities etc. collect information about crime and disorder in your area.

a) Collect information about the rates of: youth crime; crime and disorder; racist crime; combating delay; sex offenders; violent offenders and drug-misusing offenders in your area.

b) Collect information regarding punishment and sentencing of offenders.

c) Analyse the information gathered and create a chart to demonstrate the results of your findings.

d) Create a strategy that includes objectives and short and long-term performance targets for improving crime rates in your area.

Darllen Pellach a Chyfeiriadau

1. Neil Moonie et al, *BTEC Level 3 National Health and Social Care: Student Book 1* (Pearson Education Limited, 2010)

2. Marilyn Billingham et al, *BTEC Level 3 National Health and Social Care: Student Book 2* (Pearson Education Limited, 2010)

3. Sian Lavers & Helen Lancaster *BTEC Level 2 First Health and Social Care Student Book* (Pearson Education Limited, 2010)

4. Marian Beaver et al, *Babanod a Phlant Ifanc* addasiad Siân Owen ac Elen Evans (Gwasg UWIC, Caerdydd, 2007)

5. Carolyn Meggitt, *Datblygiad Plant, Arweinlyfr Darluniadol* addasiad Siân Owen ac Elen Evans (Gwasg UWIC, Caerdydd, 2008)

6. Penny Tassoni et al, CACHE Level 3 *Child Care and Education: Student Book* (Heinemann/ Harcourt Education Ltd, 2007)

7. Penny Tassoni et al, *CACHE Lefel 2 Gofal ac Addysg Plant* addasiad Ffion Kervegant, (CAA, Aberystwyth, 2010)

8. Hyacinth Malik, *A Practical Guide to Equal Opportunities 3rd Edition* (Nelson Thornes, 2009)

9. Margaret O'Donovan et al, *Good Practice in Caring for Children with Special Needs (3rd Edition)* (Nelson Thornes, 2009)

10. Judy Richards et al, *Llawlyfr Iechyd a Gofal Cymdeithasol A-Y* (Gwasg Taf, Holyhead, 2010)

11. Penny Tassoni et al, *BTEC Level 3 National in Children's Play, Learning and Development Student Book 1* (Pearson Education Ltd, 2012)

12. Penny Tassoni et al, *BTEC Level 3 National in Children's Play, Learning and Development Student Book 2* (Pearson Education Ltd, 2013)

13. Carolyn Meggitt et al, *CACHE Level 3, Child Care and Education* (Hodder Education, 2012)

14. Addasiad Cymraeg gan Colin Isaac, Gill Saunders Jones a Lydia Jones, *Datblygiad y Plentyn TGAU – Y Llyfr Adolygu* (@ebol, Aberystwyth, 2012)

15. S. W. Siencyn, *Y Cyfnod Sylfaen: Athroniaeth, Ymchwil ac Ymarfer* (Cyhoeddiadau Prifysgol Cymru Y Drindod Dewi Sant, Caerfyrddin, 2010)

16. S. W. Siencyn, *Y Plentyn Bach: Cyflwyniad i Astudiaethau Plentyndod Cynnar* (Gwasg Coleg y Drindod, Caerfyrddin, 2007)

17. Comisiwn Hawliau Anabledd *Dyletswydd i Hyrwyddo Cydraddoldeb Anabledd: Cod Ymarfer Statudol*

Further Reading and References

1. Neil Moonie et al, *BTEC Level 3 National Health and Social Care: Student Book 1* (Pearson Education Limited, 2010)

2. Marilyn Billingham et al, *BTEC Level 3 National Health and Social Care: Student Book 2* (Pearson Education Limited, 2010)

3. Sian Lavers & Helen Lancaster *BTEC Level 2 First Health and Social Care Student Book* (Pearson Education Limited, 2010)

4. Marian Beaver et al, *Babies and Young Children: Diploma in Child Care and Education* (Nelson Thornes Ltd, 2001)

5. Carolyn Meggitt, *Child Development, An Illustrated Guide* (Heinemann Educational Publishers, 2000/2006)

6. Penny Tassoni et al, CACHE Level 3 *Child Care and Education: Student Book* (Heinemann/ Harcourt Education Ltd, 2007)

7. Penny Tassoni et al, *CACHE Level 2 in Child Care and Education: Student Book* (Heinemann/Pearson Education Ltd, 2007)

8. Hyacinth Malik, *A Practical Guide to Equal Opportunities 3rd Edition* (Nelson Thornes, 2009)

9. Margaret O'Donovan et al, *Good Practice in Caring for Children with Special Needs (3rd Edition)* (Nelson Thornes, 2009)

10. Judy Richards et al, *A-Z Health and Social Care Handbook + Online 3rd Edition* (Hodder Education, 2010)

11. Penny Tassoni et al, *BTEC Level 3 National in Children's Play, Learning and Development Student Book 1* (Pearson Education Ltd, 2012)

12. Penny Tassoni et al, *BTEC Level 3 National in Children's Play, Learning and Development Student Book 2* (Pearson Education Ltd, 2013)

13. Carolyn Meggitt et al, *CACHE Level 3, Child Care and Education* (Hodder Education, 2012)

14. Welsh adaptation by Colin Isaac, Gill Saunders Jones a Lydia Jones, *Datblygiad y Plentyn TGAU – Y Llyfr Adolygu* (@ebol, Aberystwyth, 2012)

15. S. W. Siencyn, *Y Cyfnod Sylfaen: Athroniaeth, Ymchwil ac Ymarfer* (University of Wales Trinity Saint David, Carmarthen, 2010)

16. S. W. Siencyn, *Y Plentyn Bach: Cyflwyniad i Astudiaethau Plentyndod Cynnar* (Trinity College Press, Carmarthen, 2007)

17. Disability Rights Commission *The Duty to Promote Disability Equality: Statutory Code of Practice Ebgland*

Cymru a Lloegr (Stationery Office, Norwich)

18. Melanie Cross, *Children with Social, Emotional and Behavioural Difficulties and Communication Problems (2nd Edition)* (Jessica Kingsley Publishers, London, 2011)

19. Neil Moonie et al, *Diversity and Rights in Care (Care Managements Series)* (Harcourt Education, 2004)

Gwefannau ar gyfer Astudiaethau Pellach

1. wales.gov.uk
2. learning.wales.gov.uk
3. www.plantyngnghymru.org.uk
4. www.chwaraecymru.org.uk / www.playwales.org.uk
5. www.childrenareunbeatable.co.uk
6. www.ccwales.org.uk
7. www.bbc.co.uk
8. www.cafcass.gov.uk
9. www.nhsdirect.wales.nhs.uk
10. www.legislation.gov.uk/browse/wales
11. www.childreninwales.org.uk
12. www.mym.co.uk
13. www.ruralwellbeing.org.uk
14. www.equalityhumanrights.com
15. www.estyn.gov.uk
16. www.legalservices.gov.uk
17. www.chwaraeteg.com
18. www.justice.gov.uk/tribunals/care-standards
19. www.dwp.gov.uk
20. www.nhs.uk/Livewell/ Childrenwithalearningdisability/Pages/ Childrenwithalearningdisabilityhome. aspx
21. www.yourrights.org.uk
22. www.carersuk.org
23. www.councilfordisabledchildren.org.uk
24. www.ccuhpgwneudpethauniawn.co.uk / www.uncrcletsgetitright.co.uk
25. www.childrensrightswales.org.uk/ human-rights-act-1998.aspx
26. www.complantcymru.org.uk/cy/
27. www.childcomwales.org.uk/
28. wales.gov.uk/cssiwsubsite/newcssiw/ ?skip=1&lang=cy / wales.gov.uk/ cssiwsubsite/newcssiw/ ?skip=1&lang=en
29. www.emmainteractive.com
30. www.mentalhealthwales.net
31. www.equalrightstrust.org
32. www.clybiauplantcymru.org
33. www.nfer.ac.uk
34. www.ntas.org.uk
35. www.hse.gov.uk/welsh
36. www.funkydragon.org
37. www.nspcc.org.uk
38. www.childline.org.uk
39. www.barnardos.org.uk
40. www.savethechildren.org.uk
41. www.rhag.net
42. www.eoc.org.uk
43. www.consumereducation.org.uk

and Wales (Stationery Office, Norwich)

18. Melanie Cross, *Children with Social, Emotional and Behavioural Difficulties and Communication Problems (2nd Edition)* (Jessica Kingsley Publishers, London, 2011)

19. Neil Moonie et al, *Diversity and Rights in Care (Care Managements Series)* (Harcourt Education, 2004)

Websites for Further Study

1. wales.gov.uk
2. learning.wales.gov.uk
3. www.plantyngnghymru.org.uk
4. www.chwaraecymru.org.uk / www.playwales.org.uk
5. www.childrenareunbeatable.co.uk
6. www.ccwales.org.uk
7. www.bbc.co.uk
8. www.cafcass.gov.uk
9. www.nhsdirect.wales.nhs.uk
10. www.legislation.gov.uk/browse/wales
11. www.childreninwales.org.uk
12. www.mym.co.uk
13. www.ruralwellbeing.org.uk
14. www.equalityhumanrights.com
15. www.estyn.gov.uk
16. www.legalservices.gov.uk
17. www.chwaraeteg.com
18. www.justice.gov.uk/tribunals/care-standards
19. www.dwp.gov.uk
20. www.nhs.uk/Livewell/Childrenwithalearningdisability/Pages/Childrenwithalearningdisabilityhome.aspx
21. www.yourrights.org.uk
22. www.carersuk.org
23. www.councilfordisabledchildren.org.uk
24. www.ccuhpgwneudpethauniawn.co.uk/ www.uncrcletsgetitright.co.uk
25. www.childrensrightswales.org.uk/human-rights-act-1998.aspx
26. www.complantcymru.org.uk/cy/
27. www.childcomwales.org.uk/
28. wales.gov.uk/cssiwsubsite/newcssiw/?skip=1&lang=cy/ wales.gov.uk/cssiwsubsite/newcssiw/?skip=1&lang=en
29. www.emmainteractive.com
30. www.mentalhealthwales.net
31. www.equalrightstrust.org
32. www.clybiauplantcymru.org
33. www.nfer.ac.uk
34. www.ntas.org.uk
35. www.hse.gov.uk/welsh
36. www.funkydragon.org
37. www.nspcc.org.uk
38. www.childline.org.uk
39. www.barnardos.org.uk
40. www.savethechildren.org.uk
41. www.rhag.net
42. www.eoc.org.uk
43. www.consumereducation.org.uk

44. www.education.gov.uk
45. www.ukcle.ac.uk
46. www.cfoi.org.uk
47. www.cre.org.uk
48. www.careknowledge.com
49. www.communitycare.co.uk
50. www.complantcymru.org.uk/cy/
    hawliau
51. www.skillsforhealth.org.uk
52. www.scie.org.uk
53. www.poverty.org.uk
54. www.poverty.ac.uk/tags/wales
55. www.arsyllfawledigcymru.org.uk
56. www.rnib.org.uk
57. www.actiononhearingloss.org.uk
58. www.food.gov.uk
59. www.disabilitywales.org
60. www.learningdisabilitywales.org.uk

44. www.education.gov.uk
45. www.ukcle.ac.uk
46. www.cfoi.org.uk
47. www.cre.org.uk
48. www.careknowledge.com
49. www.communitycare.co.uk
50. www.complantcymru.org.uk/cy/hawliau
51. www.skillsforhealth.org.uk
52. www.scie.org.uk
53. www.poverty.org.uk
54. www.poverty.ac.uk/tags/wales
55. www.arsyllfawledigcymru.org.uk
56. www.rnib.org.uk
57. www.actiononhearingloss.org.uk
58. www.food.gov.uk
59. www.disabilitywales.org
60. www.learningdisabilitywales.org.uk

Rhestr Termau

Aflonyddu – ymosod drosodd a throsodd (gall fod ar lafar, yn emosiynol, yn gorfforol)

Ail oed gŵr neu wraig – cyfnod olaf bywyd

Anabledd – nam corfforol neu feddyliol

Anuniongyrchol – cuddiedig, dan yr wyneb

Apêl – ailagor achos, diwygio penderfyniad blaenorol

Arfer gwrth-wahaniaethol – ymddwyn mewn modd sy'n annog pobl i beidio â gwahaniaethu yn erbyn rhywun ar sail hil, anabledd, lliw, rhyw, crefydd, ayyb

Arsylwi – dull i gofnodi datblygiad person, ei dwf, ei ymddygiad, ayyb

Asesiad – adroddiad wedi'i gyflawni i asesu anghenion unigolyn er mwyn medru rhoi gofal a darpariaeth addas iddynt.

Atebolrwydd – cyfrifoldebau gweithwyr i ymddwyn yn unol â gorchmynion eu corff proffesiynol

Awdurdod – grym neu hawl cyfreithiol

Awdurdodi – caniatáu i unigolyn wneud eu dewisiadau a'u penderfyniadau eu hunain

Budd-daliadau – cyfraniadau ariannol statudol a roddir gan y llywodraeth i grwpiau penodol o bobl i'w cefnogi a'u galluogi i fyw yn y gymdeithas

Camdriniaeth – triniaeth sy'n gallu niweidio unigolyn

Cod Ymarfer – dogfennau cytûn sy'n datgan dulliau gweithio derbyniol o fewn lleoliadau gofal

Comisiwn – corff sy'n monitro Deddf, gall gynghori ac mae ganddo'r grym i ymchwilio i achosion

Confensiwn – cynulliad ffurfiol o gynrychiolwyr

Cwsmer – unigolyn sy'n defnyddio gwasanaeth iechyd neu wasanaeth gofal cymdeithasol

Cyfartal – trin pobl yr un fath, heb ystyried eu hil, crefydd, rhyw ayyb

Cyfeirio – cael ei dderbyn i ysbyty neu wneud cais am wasanaeth gofal

Glossary of Terms

Abuse – treatment that causes harm to an individual

Accessibility – ease with which something/somewhere can be approached

Accountability – responsibilities of workers to act according to the directives of their professional body

Act – a written law, made by Parliament

Adolescence – the third life stage

Adulthood – the fourth life stage

Ageing process – changes in the human body over a person's life span

Amendment – an improvement, correcting a fault or making a proposed alteration to an Act or Bill

Anti-Discriminatory Practice – behaving in a manner that discourages discrimination against people based on race, disability, colour, gender, religion etc

Appeal – to reopen a case, to revise a previous decision

Articles – a statement or section within an Act

Assessment – a report carried out to assess the needs of an individual in order to put appropriate care and provision into place.

Authority – a legal power or right

Behaviour – the way in which people conduct themselves

Benefits – statutory financial contributions payed from the government to certain groups of people in order to give them support, and enable them to live in society

Breached – breaking a contract, rule or duty

Care organizations – agencies that provide care for certain client groups

Care plans – staged processes that are put into place in order to implement appropriate care

Care settings – places that provide care for clients of all ages, e.g. nurseries, residential homes, hospitals etc

Care value base – a basic set of values that outline good practice when dealing with clients, e.g. treating clients with respect, promoting equality etc

Cyfeirio gan drydydd person – pan fydd claf yn cael ei gyfeirio gan ei berthynas agosaf

Cyfeirio gorfodol – pan fydd claf yn cael ei gyfeirio gan berson proffesiynol, e.e. meddyg neu weithiwr cymdeithasol, gan fod y claf ym marn y bobl broffesiynol yn methu â phenderfynu beth i'w wneud drosto'i hun, oherwydd ei iechyd meddwl

Cyfeirio proffesiynol – pan fydd claf yn cael ei gyfeirio gan berson proffesiynol, e.e. meddyg neu weithiwr cymdeithasol

Cyfnod mewn bywyd – cyfnod o dwf neu o ddatblygiad penodol

Cyllid – cefnogaeth ariannol sy'n cael ei rhoi er mwyn galluogi darpariaeth o wasanaethau iechyd a gofal cymdeithasol

Cynhwysiad – cymysgu â phawb arall

Cynlluniau gofal – prosesau cam-wrth-gam sydd wedi'u sefydlu i ddarparu gofal addas

Cyrff gofal – asiantaethau sy'n darparu gofal ar gyfer rhai grwpiau penodol o gwsmeriaid

Datblygiad – y broses o ddysgu sgiliau newydd

Datblygiad holistig – datblygiad corfforol, meddyliol, emosiynol, ieithyddol a chymdeithasol unigolyn

Deddf – cyfraith ysgrifenedig, wedi ei gwneud gan y Senedd

Deddfwriaeth – cyfreithiau a wnaed neu a gyflawnwyd

Dibynnydd – person sy'n dibynnu ar unigolyn arall am e.e. gymorth corfforol

Digwyddiad mewn bywyd – rhywbeth sy'n digwydd ym mywyd person, a all fod yn ddisgwyliedig neu'n annisgwyl

Diweithdra – bod heb gyflogaeth, a'r person hwnnw o oed gwaith

Diwygiad – gwelliant i Ddeddf neu Fesur, sy'n cywiro diffyg neu'n gwneud newid arfaethedig

Egwyddorion – codau ymarfer moesol wedi'u seilio ar werthoedd sylfaenol gofal, yr hyn a elwir bellach yn Egwyddorion Gofal

Egwyddorion Gofal – enw newydd am werthoedd sylfaenol gofal

Childhood – second life stage

Client – an individual who uses the health and social care service

Code of Practice – agreed documents that state the acceptable methods of working within care settings

Commission – a body that monitors an Act, it can advise and has powers to investigate cases

Convention – a formal assembly of representatives

Data Protection – the process of maintaining confidentiality, and allowing people access to their personal information

Day care – provision provided to individuals during the day, e.g. nurseries and day centres

Dependent – a person who relies on another individual for e.g. physical support

Development – the process of acquiring new skills

Detained – confined, kept away from, or in custody

Direct – clear, open, obvious

Disability – a physical or mental impairment

Discrimination – treating someone differently and unfairly, based on prejudice

Domiciliary care – home care service within the private sector

Empowerment – allowing an individual to make their own choices and decisions

Equal – treating people the same, irrespectively of their race, religion, gender etc

Ethics – moral codes of practice based on the care vale base

Exclusion – the act of barring or refusing entry

Funding – financial support that is given to allow health and social care services to be provided

Gender – male or female

Government – the system of running a country or community, the ruling power in a state

Erledigaeth - gwneud i rywun ddioddef neu eu poenydio

Erthyglau - datganiad neu adran o fewn Deddf

Esgeuluso - diystyru, peidio â gofalu am berson

Gofal anffurfiol - y gofal sy'n cael ei roi gan aelod o deulu neu gan ffrind ayyb

Gofal dydd - darpariaeth i unigolion yn ystod y dydd, e.e. meithrinfeydd, a chanolfannau dydd

Gofal eilaidd - y gwasanaeth sy'n cael ei roi mewn ysbytai neu gan ysbytai

Gofal iechyd cychwynnol - gofal wedi'i ddarparu gan feddygon teulu, nyrsys cymunedol, ymwelwyr iechyd ayyb

Gofal personol - gofal sy'n ateb anghenion glendid sylfaenol unigolyn, e.e. ymolchi, golchi, mynd i'r tŷ bach, ayyb

Gofal trydyddol - gofal sy'n cael ei gynnig trwy wasanaethau ysbyty arbenigol

Gofal yn y cartref - gwasanaeth yn cynnig gofal yn y cartref o fewn y sector breifat

Gosodiad - disgrifiad ffurfiol, datganiad

Gwahaniaethiad - trin rhywun yn wahanol ac yn annheg, ar sail rhagfarn

Gwaharddiad - y weithred o atal neu wrthod mynediad

Gwarchod data - y broses o sicrhau cyfrinachedd, tra'n caniatáu i bobl gael mynediad i'w gwybodaeth bersonol

Gwasanaethau statudol - gwasanaethau gofal y mae'r llywodraeth yn rhwym o'u darparu

Gweithiwr allweddol - yr unigolyn wedi'i enwi sydd â'r cyfrifoldeb am gydlynu gofal cwsmer

Gwerthoedd sylfaenol gofal - casgliad o werthoedd sylfaenol sy'n amlinellu arferion da wrth ddelio â chwsmeriaid, e.e. trin cwsmeriaid yn barchus, gan hybu cydraddoldeb ayyb

Hiliaeth - gwahaniaethu yn erbyn unigolyn neu grŵp o bobl, neu drin unigolyn neu grŵp o bobl yn annheg ar sail ei/eu hil

Hunan-gyfeirio - pan y bydd unigolyn yn cyfeirio'i hun i ofal gwasanaeth sy'n darparu gofal

Growth – the increase in physical size

Harassment – attacking repeatedly (can be verbally, emotionally, physically)

Health – according to the World Health Organization, 1948, health is 'the state of complete physical, mental and social well-being and not just the absence of disease or infirmity'

Holistic development – an individual's physical, social, emotional, language and social development

Inclusion – mixing with everyone else

Income – the money that is received into a household or by an individual

Indirect – hidden, under the surface

Informal care – the care that is provided by a member of the family, friend etc

Key Worker – the named individual who has responsibility for co-ordinating a client's care

Later adulthood – the final life stage

Legislation – laws which have been made or enacted

Life event – an incident that happens in a person's life, this can be expected or unexpected

Life stage – a defined period of growth or development

Means testing – a method of measuring if an individual is entitled to benefits based on their circumstances

Nature – development and growth that is influenced by genetics

Neglect – to disregard, to take no care of someone

Nurture – development that is influenced by environmental factors

Observation – a method of recording a person's development, growth, behaviour etc

Personal care – care that meets the basic hygiene needs of an individual, e.g. bathing, washing, toileting etc

Physical health – the well-being of the body

Primary health care – care that is provided by GPs, community nurses, health visitiors etc

Iechyd – yn ôl Mudiad Iechyd y Byd, yn 1948, iechyd ydy "cyflwr o ffyniant corfforol, meddyliol a chymdeithasol, yn ei gyfanrwydd, ac nid absenoldeb afiechyd neu wendid yn unig"

Iechyd corfforol – ffyniant y corff

Incwm – yr arian sy'n dod i mewn i gartref neu gydag unigolyn

Llencyndod – trydydd cyfnod bywyd

Lleoliadau gofal – lleoedd sy'n darparu gofal i gwsmeriaid o bob oedran, e.e. meithrinfeydd, cartrefi preswyl, ysbytai ayyb

Llywodraeth – y gyfundrefn a ddefnyddir i redeg gwlad neu gymuned, grym llywodraethol gwladwriaeth

Magwraeth – datblygiad neu dwf wedi'i ddylanwadu gan ffactorau amgylcheddol

Mynediad/Hygyrchedd – pa mor rhwydd ydyw i gyrraedd rhywbeth/rhywle

Natur – datblygiad neu dwf wedi'i ddylanwadu gan geneteg

Neilltuo – y weithred o wahanu person oddi wrth eraill, weithiau yn erbyn eu hewyllys

Oed gŵr neu wraig – pedwerydd cyfnod bywyd

Plentyndod – ail gyfnod bywyd

Prawf modd – dull o fesur a oes gan unigolyn yr hawl i fudd-daliadau o ganlyniad i'w amgylchiadau

Proses o heneiddio – newidiadau yn y corff dynol dros gyfnod bywyd person

Rhagfarn – agwedd wahaniaethol tuag at rywun, wedi'i seilio ar syniadau rhagdybiedig

Rhywogaeth – gwryw neu fenyw

Sector Gofal Gwirfoddol – mudiadau sy'n darparu gwasanaethau gofal am ddim

Torri – torri cytundeb, rheol neu ddyletswydd

Tribiwnlys – llys cyfiawnder, bwrdd cynrychiadol sy'n delio ag apeliadau

Twf – cynnydd mewn maint corfforol

Prejudice – a discriminatory attitude towards someone, based on preconceived ideas

Racism – discrimination against or unfair treatment of an individual/group of people on the basis of their race

Referral – being admitted to hospital or applying for a care service

Sectioning – the act of separating a person from others, sometimes against their will

Self-referral – when an individual refers himself/herself to a care service

Statement – a formal account, a declaration

Statutory services – care services that the government is under obligation to provide

Tertiary Care – care that is offered through specialist hospital services

Tribunal – a court of justice, a representative board that deals with appeals

Unemployment – the situation of being out of employment, whilst within working age

Value Base – includes all care values

Victimisation – making someone suffer or preying upon others

Voluntary Care Sector – organizations that provide care services free of charge

Uniongyrchol – clir, agored, amlwg

Wedi'i gadw – wedi'i gyfyngu, ei gadw
oddi wrth, neu ei gadw yn y ddalfa

Ymddygiad – y modd y mae pobl yn
gweithredu neu ymddwyn